LOS OLVIDADOS DE LA TRANSICIÓN

TESTIMONIOS DE UN PERIODO **SANGRIENTO**

LOS OLVIDADOS DE LA TRANSICIÓN

TESTIMONIOS DE UN PERIODO **SANGRIENTO**

Los olvidados de la Transición
Testimonios de un periodo sangriento

© Fundación Federico Engels / El Garaje Ediciones
Primera edición: 2025
Segunda edición: 2025

ISBN: 978-84-16285-87-7
DL: M-12017-2025

Publicado y distribuido por
  • Fundación Federico Engels
    C/ Hermanos del Moral 33, bajo. 28019 Madrid
    fundacionfedericoengels.net
    libreria@fundacionfedericoengels.net
  • El Garaje Ediciones
    C/ Cacereños 54, local 4. 28021 Madrid
    elgarajeediciones.com
    info@elgarajeediciones.com

Índice

La Transición Sangrienta

Crónica de unas jornadas que nunca olvidaremos

Dicen que no es lo mismo contarlo que vivirlo. Y es verdad. Escribir una crónica de lo que ocurrió los días 26 y 27 de octubre de 2024 en el Espacio Rosa Luxemburgo de Madrid no es tarea sencilla. Fue un fin de semana tan emocionante y sobrecogedor que no lo olvidaremos nunca.

Más de 300 asistentes participamos en estas jornadas organizadas por el Colectivo por los Olvidados de la Transición (COT), la Asociación de Memoria Histórica Distrito Latina e Izquierda Revolucionaria. Un acto que perseguía responder a una de las grandes falsedades que el régimen del 78 tanto se esfuerza en introducir en nuestras cabezas: el relato de una Transición democrática, modélica y ejemplar. Esos días remplazamos ese guion lleno de mentiras y distorsiones por otras verdades que duelen y se ocultan: la Transición fue represiva y sangrienta.

La versión oficialista existe para proteger a los responsables de tantos crímenes y negar que los derechos, las libertades y los avances sociales los impusimos los trabajadores y la juventud con la movilización, las huelgas, la lucha clandestina y la sangre que derramamos en todo el estado.

Y no pudo haber mejor forma de acercarnos a aquellos acontecimientos que de la mano de los verdaderos protagonistas de una época imprescindible para comprender el presente.

Hablan los familiares y amigos de las víctimas

Once sillas en el escenario. Once familiares de las víctimas de la represión policial y fascista. Once historias de resiliencia y de impunidad. Así arrancó la sesión inaugural, presentada por Pablo Mayoral, condenado a treinta años de cárcel en el verano de 1975 por su militancia en el FRAP.

Es la primera vez que todos ellos, algunos llegados desde Barcelona, otros de Almería, Madrid y otras ciudades, se encuentran juntos en un escenario. «La dictadura terminó como comenzó, asesinando a los que defendíamos la libertad y luchábamos contra el fascismo».

Uno a uno toman la palabra los familiares y amigos de activistas asesinados a manos de la policía y bandas fascistas en aquellos años que algunos intentan presentarnos llenos de «democracia y libertad».

Comienza Agustín Plaza, obrero ya jubilado, miembro de Ezker Iraultzailea/Izquierda Revolucionaria y herido en la matanza de Vitoria-Gasteiz del 3 de marzo de 1976, cuando cinco trabajadores fueron asesinados después de que una jauría de policías abriese fuego contra una asamblea reunida en una iglesia. «Hay que contar a la juventud y al movimiento obrero actual lo sucedido ese 3 de marzo. Necesitamos transmitir esa memoria, temen nuestros debates, asambleas y organización colectiva porque es precisamente lo que nos libera de su opresión».

Recordamos a Carlos González gracias a su gran amigo de la infancia, Pablo Mandeville. Carlos fue asesinado por fascistas al grito de «viva Cristo Rey» en una manifestación: «El miedo a la policía era tal que no podías acudir a un hospital si eras herido por ellos, toda tu familia quedaría señalada». Todavía se desconoce el nombre del asesino de Carlos.

Teófilo del Valle tenía 20 años cuando fue asesinado. El Gobierno afirmó que había muerto en un enfrentamiento con las fuerzas del orden, el policía asesino fue declarado inocente. «Nos quisieron vender la Transición como algo idílico, mientras que para muchas familias ha sido una tragedia no reconocida por el Estado. Saber la verdad no es un consuelo, pero te libera», son las palabras que su hermano José Antonio nos hizo llegar a través de un vídeo.

El relato de Javier Almazán nos encogió el corazón. A través de un texto bellísimo recordó a su hermano Ángel, asesinado a los 18 años en una manifestación por la abstención en el referéndum de 1976, a consecuencia de una brutal paliza de la policía. Javier es uno de los impulsores de estas jornadas y del COT, un luchador incansable por la memoria histórica y una voz que denuncia con la fuerza de la verdad a los asesinos.

A su lado está Olga Gutiérrez, la viuda de Manuel Ruiz, recientemente fallecido y alma del COT, cuya voluntad y perseverancia en la lucha por esclarecer el asesinato de su hermano Arturo Ruiz nos ha llevado a estas jornadas y a muchísimas más acciones. También está su hermana, Blanca Ruiz, otra insobornable luchadora por la memoria y la justicia.

Arturo Ruiz, muerto por los disparos de una banda de sicarios fascistas al grito de «viva Cristo Rey» el 23 de enero de 1977 junto a la plaza de Soledad Torres Acosta de Madrid, es un símbolo en aquellos años sangrientos. Su cuñada Olga Gutiérrez dejó claro que «la dignidad depende de la lucha por que se haga justicia y se condene a los culpables».

El asesino de Arturo, José Ignacio Fernández Guaza, reside actualmente en Argentina y reconoce abiertamente los hechos y sus lazos con el Estado y la Interpol. Goza de la impunidad del aparato del Estado español, de sus tribunales y de los políticos que no mueven un dedo para que se le extradite.

Anabel Santamaría nos transporta a cuando tenía tan solo 15 años. Con sus propios ojos vio el asesinato de Mari Luz Nájera el 24 de enero de 1977. La policía le disparó un bote de humo en la nuca cuando se manifestaba por el asesinato de Arturo Ruiz. Una vez muerta, los agentes siguieron dándole patadas. «Nunca olvidaré su mirada de odio y rabia».

La sobrina de Jordi Martínez de Foix, asesinado en Barcelona el 14 de octubre de 1978, Blanca, homenajea a su tío. El hermano de Gustau Muñoz, Marc, nos envió un caluroso abrazo en un vídeo en el que reivindica la abdicación de la Corona y pide la derogación de la Ley de Amnistía de 1977.

Las Fuerzas de Orden Público arrebataron la vida a Emilio Martínez y José Luis Montañés en las protestas contra la Ley de Autonomía Universitaria en 1979. En Madrid, en la Ronda de Valencia, al lado de la glorieta de Embajadores. Javier Montañés recuerda el dolor de la pérdida de su hermano y la campaña pública que se puso en marcha insinuando que los fallecidos no eran estudiantes, sino terroristas.

Toma la palabra Mar Noguerol. Activista incansable por la sanidad pública, fue amiga y compañera de piso de Yolanda González, secuestrada y asesinada en 1980 por ultraderechistas de Fuerza Nacional. A sus 19 años era una militante revolucionaria del Partido Socialista de los Trabajadores (PST), absolutamente comprometida. «Su asesinato generó miedo, pero sobre todo una respuesta masiva y arrolladora del movimiento estudiantil». Los fascistas que la mataron amasaron fortunas en el sector privado y uno de ellos, Emilio Hellín, ha sido contratado en numerosas ocasiones por la policía. Todo ello bajo los Gobiernos del PSOE.

Juan Carlos es hermano de Vicente Cuervo, un joven sindicalista anarquista, muerto en un crimen impune a día de hoy. Tenía 21 años cuando fue asesinado por miembros de una banda fascista en Vallecas, año 1980.

Al año siguiente, Luis Cobo, Luis Montero y Juan Mañas fueron torturados y ejecutados por guardias civiles en Almería. Un crimen que se justificó afirmando que «eran probablemente etarras». Paco Mañas, hermano de Juan, nos relató que Margarita Robles se ha reunido recientemente con su familia, invitándoles a «pasar página». Su respuesta: «mientras podamos seguiremos luchando por que se sepa lo que pasó y los asesinos paguen por ello», la sala al completo rompió en aplausos.

Conmocionados por este espíritu de combate y resistencia, y por la humanidad de las compañeras y compañeros que tomaron la palabra, irrumpimos en numerosos aplausos con los rostros encendidos y muchas lágrimas. Nunca lo olvidaremos.

Lucha de clases, transformación social y mujeres contra el franquismo

Con un nudo en la garganta todavía subieron al escenario Manuel Blanco Chivite, luchador antifascista condenado a muerte en el proceso de 1975, Luis Fernández, presidente de la Asociación de Memoria Histórica Distrito de Latina, y Antonio García Sinde, veterano militante antifranquista y de Izquierda Revolucionaria. En este debate, moderado por Coral Latorre, recordamos que la represión no pudo frenar la contestación social que crecía en las calles de todo el estado contra la dictadura.

La respuesta social y política crecía cuantitativa y cualitativamente. «Un día exigías agua caliente en la fábrica y al siguiente, la libertad de los presos políticos». Los ponentes señalaron que fue la lucha en las calles lo que paralizó el primer intento de reconversión industrial y nos hablaron del papel de la dirección del PCE: «los Pactos de la Moncloa son el ejemplo más claro de la política del PCE, y sus consecuencias las seguimos viviendo a día de hoy».

Pudimos abordar cómo la Revolución de los Claveles portuguesa o la caída de los Coroneles en Grecia alimentaron el proceso revolucionario en el Estado español, o la tutela impuesta por el imperialismo norteamericano en la

Transición para garantizar que los intereses de la oligarquía española y de Washington estuvieran completamente blindados.

Antes de cerrar, suscribimos las palabras de Chivite: «Los verdaderos protagonistas de la Transición pagaron un alto precio, aquí tenemos testigos, pero pavimentaron el camino que hoy recorremos».

La lucha contra el franquismo tuvo rostro de mujer. La sala al completo escuchó con mucha atención la siguiente mesa de debate integrada por Olga Gutiérrez, del COT, Bárbara Areal y Carmen Turrero, de Libres y Combativas e Izquierda Revolucionaria, y Soledad Luque, de la Asociación Todos los niños robados son también mis niños.

Las mujeres fuimos golpeadas por la opresión y la represión del franquismo, pero las que no eran nada pasaron a ser también protagonistas de la lucha. Explican: «Las mujeres éramos doblemente reprimidas, recibíamos una educación dirigida a convertirnos en seres sumisos. La forma que teníamos de combatir esto era luchando y creando nuestras propias organizaciones».

Soledad denunció con horror: «Estaba legitimado sustraer a los niños de las familias por parte del Estado y registrarlos con otros apellidos. A día de hoy yo no sé dónde está mi hermano mellizo. No es un crimen del pasado porque sus consecuencias las seguimos pagando todavía». Y de aquellos polvos, estos lodos. Hoy día millones de mujeres en todo el mundo nos hemos levantado en pie de guerra contra los y las que se lucran de nuestra doble opresión. ¡Porque ellas fueron, hoy nosotras somos!

En el marco de estas jornadas también presentamos dos importantes libros para conocer en detalle lo que fue aquella Transición sangrienta: *La DGS, el palacio del terror franquista,* de Pablo Alcántara, y *La sombra de Franco en la Transición,* del gran Alfredo Grimaldos.

Pablo Mayoral, Rafael Gómez Parra y Pablo Alcántara desmenuzaron las razones de por qué los horrores de la represión franquista siguen tratados como «algo del pasado». La motivación política es muy actual. «Jueces, policías y políticos implicados mantuvieron sus privilegios y los que no permanecieron en el aparato del Estado hicieron grandes negocios en el sector privado, como Martín Villa y *Billy el Niño*».

Asistimos a un apasionado debate entre los asistentes, antiguos militantes del PCE, de la LCR y tantos otros que se jugaron la piel en los años 70 y que en la sala denunciaron cómo se impuso al movimiento la bandera rojigualda, el rey, la constitución monárquica, los Pactos de la Moncloa… La solución: sacar conclusiones, armarnos políticamente, seguir organizados y recuperar las calles.

Poesía, música y un documental imprescindible

Para terminar un día repleto de emociones, disfrutamos de una sesión de auténtico arte al servicio de la revolución y la verdad con un recital de poesía de la mano de Carlos Olalla, Pablo Mandeville, Coral Latorre y Víctor Taibo, seguido de música en directo con Bernardo Fuster y Luis Mendo, Salvador Amor y David Ortiz.

No es casualidad. A la clase trabajadora siempre se nos ha negado el acceso a la cultura. Por eso, en nuestros espacios y reuniones, la hacemos nuestra.

El domingo pusimos el broche de oro a estas jornadas con la proyección del documental *Las armas no borrarán tu sonrisa* (2024), dirigido por Adolfo Dufour. Durante los créditos no podíamos dejar de aplaudir y, cuando se encendieron de nuevo las luces, nuestros rostros lo decían todo.

Tras la proyección subieron al escenario los responsables de que hayamos visto este documental maravilloso e imprescindible: el director, Adolfo, y algunos de sus protagonistas directos y miembros del COT, Javier Almazán y Olga Gutiérrez. Ellos también dejaron claro que si esta obra se puede ver hay que agradecérselo al tesón y la determinación de Manuel Ruiz, quien empeñó muchos años de su vida en buscar la justicia que su hermano merecía y que, tristemente, nos dejó en 2023. La película y estas jornadas son para ti, querido Manuel.

El coloquio fue muy vivo. Fueron muchos los asistentes que tomaron la palabra, algunos conocían a los asesinados, otros entendían que podría haberles tocado a ellos, a sus hermanas y hermanos, a sus camaradas.

Estas familias y tantas otras han sido duramente golpeadas, primero por los brutales asesinatos de sus hijos, hermanos y amigos, y lo han sido una segunda vez por la amnistía a los asesinos, por la impunidad que el Estado les ha regalado.

Años de sufrimiento y silencio, de tabúes familiares, de procesos judiciales que no pretenden aclarar ni reparar nada. La «justicia» está con los verdugos y no con las víctimas. La responsabilidad de estos carniceros, como Rodolfo Martín Villa, uno de los mayores artífices de la represión sangrienta de aquellos años, ha sido encubierta por Aznar, Rajoy, Felipe González y Zapatero. Todo para que jamás fuera juzgado y pagara por sus crímenes. Y como él, muchos más, todos tienen nombres y apellidos.

Solo el apoyo de la gente desde abajo y la autoorganización están permitiendo romper con este secreto guardado bajo siete llaves y dar la dignidad a los que luchan día a día porque nuestras compañeras y compañeros no queden en el olvido.

Eso es a lo que asistimos en estos dos días: un ejemplo de dignidad, dignidad y más dignidad. Dignidad en mayúsculas. Dignidad obrera. Y este es nuestro mejor homenaje: continuar el combate hasta que sea una realidad la sociedad por la que estos hombres y mujeres lo dieron todo.

Testimonios

José Luis
Sánchez-Bravo

Ramón
García Sanz

Xosé Humberto
Baena

Ángel Otaegi

Juan Paredes Manot «Txiki»

1.
27 de septiembre de 1975.
Los últimos fusilamientos
de la dictadura franquista

En el verano de 1975, cuatro consejos de guerra celebrados en Madrid, Burgos y Barcelona procesaron a trece jóvenes estudiantes y obreros. Se impusieron once penas de muerte tras unas sesiones que apenas duraron tres o cuatro horas. Finalmente, el 27 de septiembre fueron fusilados cinco de esos jóvenes en medio de una masiva y multitudinaria protesta nacional e internacional que supuso el principio del fin de una dictadura cruel y criminal.

Ese 27 de septiembre, al alba, piquetes de voluntarios de la Policía Armada y la Guardia Civil ejecutaron a Xosé Humberto Baena, José Luis Sánchez-Bravo, Ramón García Sanz, Ángel Otaegi y Juan Paredes Manot, fueron los últimos fusilamientos de Franco.

Pablo Mayoral
Procesado en el consejo de guerra
y condenado a 30 años

Buenos días a todos. En primer lugar, gracias al Espacio Rosa Luxemburgo por habernos cedido este magnífico lugar.

Hoy queremos hacer lo que para nosotros no es la culminación de nada, sino el principio de algo. Como muy bien ha dicho Juan Ignacio, se trata de hacer un relato, un relato distinto al que nos han estado vendiendo sobre la Transición. En primer lugar, nosotros lo que queremos es que el que el relato de toda aquella gente que murió en la Transición sea un relato real. Ese sería nuestro primer objetivo.

El segundo objetivo es forzar la justicia hasta donde podamos. Muchos de los asesinos fueron resguardados por la propia policía, por el propio Estado. A veces los familiares han conseguido localizar a los asesinos directos y aún estamos pendientes de que se les procese.

El tercer objetivo es reivindicar la memoria y el recuerdo de cada una de aquellas personas que dieron su vida por la conquista de los derechos democráticos, negados durante cuarenta años a sangre y fuego.

La llamada Transición, como decía Alfredo Grimaldos, empieza con la desaparición de Carrero Blanco que era el presidente del Gobierno de la dictadura y fue eliminado por las fuerzas de la oposición franquista, hecho bastante significativo, y acaba con el referéndum de la OTAN.

Aquel referéndum que perdimos, que creíamos que teníamos ganado, pero que perdimos. Aquello fue un mazazo importante para toda la oposición antifranquista y la oposición realmente democrática.

En este periodo hubo distintas etapas, hubo muchas historias que algunos de los historiadores que hoy están aquí podrán ir desgranando, en base a los testimonios que aquí y en muchos otros lugares se están aportando. El relato de la Transición se está construyendo por personas que han realizado poesías, canciones, documentales, películas..., pero todavía no es el relato del Boletín Oficial del Estado, no es el relato de los libros de historia, que deberían enseñar a los jóvenes qué fue la Transición, una realidad histórica que significa mucho para conocer nuestro inmediato pasado y comprender la actualidad, y que significó tanto para todos nosotros.

En fin, me toca a mí hablar un poco de lo que fue el verano de 1975.

En septiembre de 1975 se articularon, a toda prisa, cuatro consejos de guerra, que cada uno de ellos duró no más de cuatro horas, en el que nos pedían trece penas de muerte y en los que se dictaron once penas de muerte y fueron ejecutadas cinco de ellas el 27 de septiembre de 1975. Ese funesto día cinco jóvenes antifranquistas fueron asesinados: Xosé Humberto Baena, José Luis Sánchez-Bravo, Ramón García Sanz, Ángel Otaegi y Juan Paredes Manot.

Fueron los últimos fusilados de la dictadura franquista. Fueron fusilados por orden de un Consejo de Ministros formado por militares y por falangistas. De la misma manera que empezó, acabó la dictadura, fusilando a personas que defendían la República y luchaban contra el fascismo.

Ese fue un cruel asesinato que causó una grave crisis al régimen franquista. El propio Franco manifestó, en el que sería su último discurso público: «Todo lo que en España y en Europa se ha armado, obedece a una conspiración masónica izquierdista en la clase política, en contubernio con la subversión comunista-terrorista en lo social...». Pocos días después, el criminal y felón Franco era internado en coma en el hospital La Paz y duró lo que los esbirros de la dictadura tardaron en ultimar la continuación del régimen con el monarca Juan Carlos.

Aquellos hechos fueron unos los de más crueles asesinatos de la dictadura en vida de Franco y fue así mismo el principio de una Transición sangrienta que llevó a mucha gente a perder la vida en su lucha, ya imparable, por la conquista de las libertades y los derechos democráticos.

Aquí están diversos familiares y amigos de personas que perdieron la vida y que os voy a ir presentando para que puedan exponernos lo que fue y lo que debemos recordar y lo que ellos quieren defender.

Así que muchas gracias y paso a presentarlos a todos ellos.

2.
Vitoria, 3 de marzo de 1976.
«¡Aquí ha habido una masacre!»

La propia Policía Armada dijo «... hemos contribuido a la paliza más grande de la historia. Aquí ha habido una masacre». En efecto, cinco trabajadores caían muertos y centenares eran heridos de bala por la criminal actuación de la policía contra la asamblea de más de 5.000 trabajadores, que sostenían una huelga general por mejoras en sus condiciones laborales y contra la dictadura.

Romualdo Barroso Chaparro, Francisco Aznar Clemente, Pedro María Martínez Ocio, José Catillo García y Bienvenido Pereda Moral, todos ellos trabajadores y de no más de 32 años, fueron acribillados a balazos. Formaban parte del movimiento obrero asambleísta, que se levantó con fuerza inusitada en todo Vitoria, contra la dictadura y contra la explotación de la clase trabajadora.

Agustín Plaza
Obrero de Gasteiz,
apaleado por la policía el 3 de marzo

A pesar del tiempo transcurrido la lucha que culminó un 3 de marzo de hace 48 años sigue viva en la memoria de la clase obrera.

Ese miércoles 3 de marzo era la tercera huelga general que convocaban las comisiones representativas en Vitoria-Gasteiz. La respuesta fue total, más un 80% de los 50.000 trabajadores se solidarizaron con sus 5.000 compañeros y compañeras que, en empresas como Mevosa, Forjas Alavesas, Aranzábal, Olazábal y Huarte, Areitio, Cablenor, Talleres Gama y otras más llevaban dos meses de huelga luchando por unas condiciones de trabajo dignas, por el reconocimiento de sus representantes elegidos directamente en asamblea de fábrica y por los derechos a la libertad de expresión y reunión.

Todas las luchas son siempre una experiencia de la que podemos aprender, pero la que se llevó a cabo el 3 de marzo de 1976 nos enseñó lecciones que hoy están plenamente vigentes.

Hacía más de un año que existía una Coordinadora en la que estaban integrados los trabajadores más conscientes y combativos en cada empresa. Esta coordinación permitió que el día 9 de enero de 1976, cuando se iniciaron las huelgas y la lucha en las calles, las reivindicaciones se unificaran: incremento salarial lineal e igual para todos, 100% de salario real en el supuesto de incapacidad temporal o accidente de trabajo, jubilación a los 60 años con el salario bruto y una reducción semanal de la jornada de trabajo.

El método de lucha se basó en la asamblea de fábrica como único centro de decisión y en la elección de representantes de los trabajadores como único interlocutor válido ante la empresa y en la huelga y la solidaridad de la clase obrera.

Durante las primeras semanas de huelga se realizaron asambleas diarias y se debatió cómo organizar la lucha para conseguir las reivindicaciones unitarias de la plataforma presentada a la patronal, también sobre las dimisiones de los enlaces y jurados del Sindicato vertical que defendían en la mayoría de los casos los intereses empresariales y del gobierno franquista. El objetivo era fortalecer la unidad de nuestra clase y al mismo tiempo elevar la conciencia de qué era necesario para superar el marco negociador de cada fábrica y unificar las luchas en el conjunto del movimiento obrero de Vitoria-Gasteiz y de todo el estado.

La masacre del 3 de marzo buscaba precisamente acabar con este modelo de democracia obrera, impedir que aquel ejemplo se extendiera y dar una lección sangrienta a la vanguardia. Aquella jornada quedará grabada en nuestras memorias como un crimen despreciable de un Gobierno que intentó mantener en pie a la dictadura. No lo consiguieron por supuesto.

La respuesta a la muerte de nuestros cinco compañeros y a los más de cien heridos fue realmente impresionante, con toda Euskal Herria paralizada, y con movilizaciones masivas de solidaridad que sacudieron todo el Estado español.

Vitoria 3 de marzo de 1976 es patrimonio de nuestra memoria colectiva.

Por eso mismo no debemos olvidar nunca que fue la sangre de los trabajadores la que conquistó los derechos y las libertades democráticas.

Carlos
González Martínez

3.
Carlos González Martínez.
Asesinado en Madrid
el 27 de septiembre de 1976

En Madrid, como en casi todo el Estado español, las manifestaciones por la libertad de los presos políticos antifranquistas continuaban sin descanso. En julio de 1976 se había decretado una amnistía parcial que liberaba a cerca de 300 presos, pero otros muchos seguían en las cárceles.

El 27 de septiembre, primer aniversario de los últimos fusilamientos de la dictadura, la Coordinadora Pro-Amnistía convocó una manifestación en Madrid que fue salvajemente reprimida. En los alrededores de la calle Barquillo, Carlos González fue alcanzado por las balas de un comando de los Guerrilleros de Cristo Rey, una organización fascista al servicio de las fuerzas de represión del régimen. Pese a los esfuerzos de sus amigos y compañeros, y pese a la atención médica que recibió, Carlos murió en el hospital.

Nadie fue detenido por este crimen y un manto de silencio y olvido fue desplegado de forma intencionada por todos y cada uno de los grandes medios de comunicación. Era la política de represión contra cualquier movilización por la amnistía que había decretado Martín Villa.

Pablo Mandeville
Amigo de Carlos González

Buenos días. Yo soy Pablo Mandeville, amigo de infancia de Carlos González. El 27 de septiembre de 1976 salimos juntos a manifestarnos. Ese mismo día un año antes, se habían llevado a cabo las últimas ejecuciones del franquismo.

En aquel entonces, a esas manifestaciones, por supuesto todas ilegales, las llamábamos «saltos». Nos congregábamos pequeños grupos de personas entre los que se había corrido la voz de reunirnos a cierta hora en un lugar acordado. Esa tarde el motivo de las manifestaciones era recordar esas últimas ejecuciones del franquismo, protestar contra los crímenes y la represión, y atestiguar que estábamos ahí reclamando cambios que sentíamos urgentes e imprescindibles.

Como acaba de contar el compañero sobre Vitoria, todo muestra que el año 76 fue un año de cambios profundos que se fueron acelerando después en 1977.

Ese 27 de septiembre salimos juntos Carlos y yo a la manifestación. En un momento dado, nos perdimos de vista porque, habiendo empezado las carreras, me quedé con mi madre que también había salido a manifestar. Ella no podía correr a la misma velocidad que los demás.

Habíamos acordado Carlos y yo que, si nos perdíamos de vista, nos encontraríamos después del salto en el piso en el que él vivía con su novia. Cuando llegué al piso, su novia me abrió la puerta horrorizada. Me dijo que habían disparado a Carlos. Ahí estaba muy grave en una cama.

Está claro que no era consciente de la gravedad de sus heridas y lógicamente, en aquel entonces, todo el mundo le tenía mucho miedo a la policía. Por eso no quiso ir a un hospital. Pero la novia, viendo su estado, había llamado a una ambulancia. Me dijo que me fuera antes de que llegaran la ambulancia y la policía. Las heridas de Carlos le provocaron una hemorragia interna. Fue operado pero no lograron salvarle la vida. Había perdido demasiada sangre.

Al día siguiente la policía vino a buscarme e interrogarme. Ahí vi cómo era en aquella época el proceso de hacer una investigación sobre un crimen que, según los testigos que estaban presentes en el momento de los disparos, fue reivindicado al grito de «Viva Cristo Rey». En aquel entonces unos pistoleros de extrema derecha que se autodenominaban «Guerrilleros de Cristo Rey» intentaban sembrar el terror e impedir el cambio. No escondían ni disimulaban su filiación política.

Lo que sí constaté es que la investigación se centraba en qué podían estar metidas las víctimas, en este caso mi amigo Carlos, su eventual afiliación política, en qué andábamos Carlos y yo…

Esa era la principal preocupación de los investigadores. En ningún momento pude ver que la investigación se orientara a identificar y detener a los asesinos. La investigación acabó en nada. Esto es lo que pasó el 27 de septiembre de 1976 y así fueron los días siguientes. Estamos muchos años después y todavía no se sabe quién mató a Carlos González ni quienes fueron los autores intelectuales del crimen.

Este es un poema que escribí por esos días, dedicado a mi amigo. Muchas gracias.

La muerte de Carlos González
veintisiete de setiembre
aniversario de las últimas ejecuciones
Madrid lunes llueve
la gente en los portales
en la calle gritos

esa noche
sobre la vía láctea
desfilaban
el cordero armado
y el hormigón místico

el tiempo de un disparo
el horror trazando un sendero pálido
el espacio de una bala en el vientre

aquí nacen
el dolor el miedo lo absurdo
aquí empieza la soledad

la muerte mana en la noche
del lunes al martes
una marea que sube
en el cuerpo exangüe

no
que no lo conocía nadie
que los muros de setiembre
soñaron con su muerte

(la pintura ha chorreado negra
de la obscuridad de un día
nutrido con nuestra sangre triste
escribiendo estos versos de Residencia en la Tierra

la mano anónima de la noche
ha sacado de un coágulo
la palabra sangre)

Madrid viernes
es catedral de la noche
en la garganta de la multitud se anuda
un ramo de cien mil silencios

y después
después se han cruzado los senderos
han tramado un complot
tejido una maraña de mentiras

que no se sepa la verdad
que no se diga nada
que no

aquí por libertad
se sigue entendiendo
la del hombre contundente
rebajado
hasta el punto de matar

Ángel
Almazán

4.
Diciembre de 1976.
Ángel Almazán Luna asesinado salvajemente por la policía en una manifestación

Ángel, vallecano, trabajador administrativo y estudiante de 18 años, fue apaleado hasta la muerte por varios policías en el transcurso de una manifestación convocada en Madrid contra el referéndum franquista de la Reforma Política. Martín Villa, ministro de Gobernación, ya había advertido que sería «beligerante» contra los que propugnaban la abstención en dicho referéndum, y fueron muchos los detenidos en todo el Estado por hacer propaganda en ese sentido.

La manifestación de Madrid fue brutalmente disuelta por la policía antidisturbios, Ángel fue detenido y apaleado con ensañamiento en plena calle. Le propinaron culatazos, patadas y golpes en la cabeza. Le mantuvieron desangrándose durante más de una hora en un portal. Falleció en la UCI de La Paz después de agonizar durante cinco días.

El Gobierno y los medios de comunicación dieron una absurda y calumniadora versión de los hechos. Ningún policía fue juzgado y nada cambió en los criminales métodos de actuación represiva de las fuerzas de orden público, como se demostró pocos días después en la llamada semana negra de Madrid.

Javier Almazán
Hermano de Ángel Almazán

Vamos a despertar a Ángel y a su familia. Llevan dormidos mucho tiempo.

Eh, Ángel, despierta, acércate al recuerdo.

Es otoño de 1958 nace Ángel Almazán Luna, primer hijo de Ángel, de profesión cartero, y de Tomasa, de profesión sus labores.

La niñez de Ángel se conserva en fotos en blanco y negro, la mirada triste que le acompañará siempre.

Tu barrio, Puente de Vallecas, zona de emigrantes, comunidad obrera, gente trabajadora y pobre, calles sin asfaltar, sin aceras, montañas de escombros, algún pequeño huerto, chabolas y pisos diminutos, tu hogar.

Padre serio y a veces severo contigo, madre orgullosa de ti, más hermanos, eres el referente, el protector, una senda que se abre. Juegos con Javi, el hermano mediano, el que no pinta nada. Juegos con la hermana pequeña, Merce, fuerte vínculo, gran parecido, físico, emocional.

EGB buenas notas, el chico vale, es listo, necesita gafas. Nada de Bachillerato, Formación Profesional, administrativo.

Perteneces al Club de Antiguos Alumnos de tu colegio religioso, Ciudad de los Muchachos. Eres miembro de la Junta Directiva, eso significa biblioteca, discofórum, proyección de películas, poesía, debates, el marxismo aparece, ese barbudo alemán que tanto os gustaba.

Tu primer contacto con la realidad política desde la óptica cristiana, desigualdad, conciencia de clase. Las asociaciones vecinales y los grupos de cristianos de base serán los primeros escenarios de tu compromiso.

El reducido grupo de amigos, el primer amor, el ambiente angosto, la pasión por la libertad, el peso del franquismo, necesitas aire.

Cursas Formación Profesional de 2º Grado, nuevos amigos, terreno abonado a la conciencia política, ansia de cambios sociales. No militas en partido alguno, la oferta es numerosa pero insuficiente para abrazar tu libertad. Quieres ser abogado, te faltará tiempo.

Sabías escuchar, huías de los dogmas, cualquier opinión o hipótesis podía ser cuestionada, pero siempre con un gesto de bondad inteligente.

Tus primeros trabajos de administrativo, sueldo de 5.028 pesetas al mes, te quedas con 2.000 pesetas, el resto a casa, la economía familiar supera el margen de supervivencia. Ambiente tranquilo, feliz, muy feliz.

El compromiso político crece, los libros se acumulan, prohibidos, censurados, tu biblioteca es extensa, apenas se conservan unos ejemplares. El marxismo, los mitos revolucionarios, el psicoanálisis que aborda la sexualidad, lo onírico, la raíz de nuestra conducta. Todo con cierto escepticismo sin perder de vista la revolución, el reparto justo de riqueza, la libertad robada, atrás queda la religión.

Y revistas, *El Viejo Topo, Cuadernos para el Diálogo, Triunfo* se encuentran en cualquier lugar de la casa.

Lecturas, protestas, manifestaciones, Franco agoniza y muere, se rompe el frente, la juventud grita por las calles, pierden el miedo, el poder se inquieta. Sois jóvenes pacíficos, solidarios, generosos, cultos y os asiste la razón, la libertad en toda su amplitud es un derecho, Ángel lo cree, es uno de ellos, son multitud. El cambio está al alcance.

El franquismo prepara su evolución, el 15 de diciembre de 1976 se convoca el Referéndum para la Reforma

Política, en ese momento tu vida ya corre peligro. Sales de casa, has quedado con un amigo, hay manifestación en el centro de Madrid por la abstención en el Referéndum, la madre dice que no salgas, que puede haber jaleo, pero está acostumbrada, eres su triunfo, su felicidad.

Hora de cenar, la vecina llama a la puerta, en casa no hay teléfono, la han llamado desde el Hospital La Paz, Ángel está ingresado. Alarma, será un accidente, es un chico fuerte, las horas pasan.

Llegan los padres, la madre grita, ¡me lo han matado!, ¡me lo han matado!, ella no sabía lo que había sucedido, pero intuía la verdad, le explotó en la cara.

Parece un monstruo, lo han apaleado, está en la UVI, muy grave.

Un policía en la puerta de su habitación, está detenido, aunque no pueda escapar. Ángel, donante de sangre, socio de la Cruz Roja, se desangra.

Llantos, miedo, ¡Angelito! ¡Angelito! Al día siguiente, visita al hospital, sólo quince minutos entre cristales, la madre no puede besar a su hijo, Javi y Merce, los hermanos, en casa, niños aterrados, Merce mira a Javi, este no tiene respuestas.

Llega la familia más lejana, llantos, tragedia y locura, generación que ha vivido la Guerra Civil. En la cocina hay un horno de carbón, es la estufa de la casa. Se queman papeles antes de que llegue la policía, antes de que haya detenciones.

Un coche de policía para en la calle, un agente grita el nombre de Ángel, el padre, le ordena que baje, le llevan a comisaría, declara. El padre calla lo sucedido, no hay registro de esa declaración.

Visita al hospital, sin novedades, el médico habla con Tomasa, pero no le informa del estado de Ángel, le pregunta sobre su actividad política, toma notas. Los espías de la dictadura.

La casa se llena de gente, amigos, compañeros, profesores de Ángel, vecinos, la gente del barrio, todos conmocionados. Los hermanos quieren que haya gente en casa, que estén con Tomasa, la madre, que la entretengan, que ahoguen su llanto. Todos hablan de recuperación, algunos rezan. En las miradas, en los murmullos, en el aire, está la muerte.

El cuerpo de Ángel convulsiona, se interpreta mal, se habla de reacción, de lenta recuperación, es la agonía.

20 de diciembre de 1976, Ángel muere, final y principio del horror. Funeral en la iglesia del Dulce Nombre de María, manifestación, otra vez la policía golpeando. Hubo amigos, casi hermanos, que acompañaron siempre a la familia, Paloma, Saturnino, una deuda permanente.

Farsa de un proceso judicial que no pretende aclarar nada, abogadas que reclaman la investigación exhaustiva de los hechos, esfuerzo inútil. El procedimiento pasa a la Jurisdicción Militar porque existen policías implicados, ya no hay abogados civiles, la familia se queda sin defensa. Reza el expediente judicial: «Muerte del paisano Ángel Almazán Luna (al parecer ocasionada por miembros de la Policía Armada)».

La policía declara que se ha golpeado con una farola, la mentira impera, es moneda corriente. La autopsia, ocultada a la familia, desmonta la burda trampa, las heridas no pueden ser causadas por el choque con una farola. Algunos testigos declaran que un joven con el pelo rizado chaquetón color beis, Ángel, estaba en el suelo, lo estaban cosiendo a patadas.

Agotada la absurda y somera investigación, el expediente se entierra, es un muerto en el día del Referéndum, no interesa la publicidad. El Tribunal Militar Territorial Primero sobresee la causa por no haber hallado quien causó las lesiones mortales, se niegan a investigar más. La norma que impera es mirar hacia otro lado.

15 de octubre de 1977, Ley de Amnistía, el perdón para los asesinos del franquismo y la Transición. Todo se oscureció.

El mismo día 20 de diciembre, pero de 1977, Merce enferma de leucemia, la familia se enfrenta a una nueva tragedia. Ingresos hospitalarios, cruel quimioterapia, punciones medulares, recuperaciones, recaídas.

Merce era la viva imagen de Angelito, desarrolló parecidos gestos, pensamientos, ilusiones, era puro amor.

Javi se convierte en el referente, todo le viene grande, Tomasa deposita sus expectativas en él, Merce le regala todo su cariño, hubiera sido imposible continuar respirando sin el aliento de la pequeña.

Merce muere trece años después, se fueron los mejores. La angustia y el sufrimiento cenaban frecuentemente en la mesa familiar. Su adiós fue la más terrible experiencia que alguien pueda imaginar.

El 9 de octubre de 1999 entró en vigor la Ley de Solidaridad con las Víctimas del Terrorismo. Era una ley del Partido Popular que tenía un propósito central, resarcir, resaltar, reparar, honrar, condecorar a las víctimas de ETA y a sus familiares, pero, a fin de no resultar totalmente parcial, también incluía las víctimas de la extrema derecha. Nombraba con insistencia a los cuerpos y fuerzas de seguridad del Estado en el lado de las víctimas, pero en ningún caso en el lado de los verdugos.

Ángel estaba en el ejercicio de una acción política y fue víctima de una brutal violencia perpetrada por personas armadas, representantes del Estado. No había, por supuesto, justificación alguna: solo el despiadado y arbitrario uso del terror. El miedo nunca fue sustituido por la razón.

Era el momento de dar un paso al frente, las posibilidades de éxito eran escasas pero la jurisdicción es azarosa. Reconocer como terrorista a la policía significaba una herejía ante la doctrina cuasi religiosa de la Transición y, sin embargo, ¿no se ejerció una violencia brutal contra Ángel? Y se hizo sin argumento alguno, por el simple ejercicio de la fuerza. Por supuesto, la solicitud fue denegada por el Ministerio del Interior.

Había muertos de primera (asesinados por ETA), de segunda (asesinados por militantes ultras) y Ángel era de tercera categoría (asesinado por la policía).

Con la primera derrota en la mochila, se iniciaron sucesivas demandas que acabaron en el Tribunal Supremo, todas desestimadas.

Y la familia, el Alzheimer se presentó en la mente de Tomasa, la madre, y la demencia senil en la de Ángel, el padre. Empezaban a despedirse definitivamente de la realidad. Nunca fueron tan felices.

Pero existió otra vía a partir de la Ley de Memoria Histórica.

Finalmente, el Ministerio de Justicia remitió a la familia una declaración que rezaba lo siguiente:

Habiendo quedado acreditado que D. ANGEL ALMAZÁN LUNA padeció persecución y violencia por razones políticas e ideológica, falleciendo el 15 de diciembre de 1976 (en verdad fue el 20 de diciembre), como consecuencia de las heridas sufridas en el transcurso de una manifestación convocada en ejercicio de la libertad de expresión, que fue reprimida violentamente por la policía, sin que los hechos fueran debidamente investigados, y

VISTO que D. ÁNGEL ALMAZÁN LUNA tiene derecho a obtener la reparación moral que contempla la Ley mediante la cual la Democracia Española honra a quienes injustamente padecieron persecución o violencia durante la Guerra Civil y la Dictadura,

EXPIDE en su favor la presente DECLARACIÓN DE REPARACIÓN Y RECONOCIMIENTO PERSONAL, en virtud de lo dispuesto en la citada Ley.

El texto llega lejos, pero calla lo fundamental: Ángel fue asesinado por la policía en el transcurso de una manifestación convocada por el Partido del Trabajo de España (PTE) el día 15 de diciembre de 1976. Ángel murió cinco días después. Eso no forma parte de la declaración ni se incluirá en ninguna otra.

Como dijo el abogado de la familia, el querido y tristemente fallecido Teodoro Mota, solo hay que leer con detenimiento el sumario para descubrir quiénes fueron los asesinos materiales y quizá intelectuales de Ángel. Era tan evidente, que no resulta extraño que se detuviera la investigación si la pretensión final era alejarse de la verdad.

Los padres mueren, ya solo queda Javi.

El día 22 de septiembre de 2021, Ángel hubiera cumplido 63 años, se presentó en el Juzgado una querella criminal contra los policías que declararon en las precarias diligencias iniciadas y nunca concluidas, y contra el ministro del Interior en aquellos años de plomo, Rodolfo Martín Villa. No ha sido admitida a trámite en sucesivas instancias, y se encuentra pendiente de la decisión que tome el Tribunal Constitucional.

Queremos un relato veraz de una muerte injusta.

¡Eh! Ángel vuelve a dormir.

Por tu memoria. Seguimos luchando. Gracias.

Noche y frío

Perros sin collar corren por la calle.
Botas, cascos, porras.
Escudos, pistolas, fusiles
acosan y persiguen;
Acorralan entre gritos y humo.
Alguien queda atrás, aislado.
Ratas grises organizan el cercado;

El primer golpe silenciado y otro más, diez, veinte, no hay
   piedad.
El sentido te abandona,
La sangre, roja y negra, se escapa por los pliegues abiertos
   de tu cuerpo.
En el suelo, te cubres la cara, pataleas,
Ya nadie te oirá gritar.
El aire de plomo, se convierte en noche;
mientras,
el vaho invisible, perdido, tropieza sin rumbo,
¿será el final?
Y los golpes, sordos, inútiles, retumban en un maldito
   desenfreno,
los libros por el suelo,
y el amor de ayer,
ya por la fuerza inalcanzable,
flota en tus alas oscuras.
Se llamaba Ángel, y fue su última noche de invierno.

J. A.

Arturo
Ruiz

5.
Enero de 1977.
Arturo Ruiz es asesinado en una manifestación pro-amnistía

Empezaba el año 1977 y la lucha contra la dictadura y todos sus resortes de poder continuaba de forma masiva. El domingo 23 de enero fue convocada en Madrid una manifestación pro-Amnistía, a ella acudió Arturo, un joven de 19 años, estudiante y trabajador de la construcción para pagarse los estudios. La manifestación había sido prohibida, y los manifestantes fueron acosados y reprimidos por un extraordinario despliegue policial. Las cargas fueron violentísimas y acompañadas de la actuación de bandas fascista y parapoliciales. Uno de estos sicarios disparó a bocajarro a Arturo y lo mató.

Su asesino fue José Ignacio Fernández Guaza, y sería localizado por la familia de Arturo en Argentina. Sus hermanos Manuel (ya gravemente enfermo) y Miguel Ángel fueron a Buenos Aires en 2023 a aportar, en la Querella Argentina, los datos para su localización. El Gobierno de España no ha hecho nada pese a los requerimientos de la jueza argentina María Servini, para poder extraditarlo y ser juzgado en Madrid por crimen de lesa humanidad, por el que también está procesado Martín Villa.

Olga Gutiérrez
Viuda de Manuel Ruiz
y cuñada de Arturo Ruiz

Buenos días.

Mi nombre es Olga Gutiérrez, soy viuda de Manuel Ruiz y cuñada de Arturo Ruiz.

Manuel fue uno de los fundadores del Colectivo por los Olvidados de la Transición (COT), que desgraciadamente falleció el 21 de noviembre de 2023 y que dedicó su vida a luchar por conseguir la justicia, mantener la memoria y averiguar la verdad sobre el asesinato de su hermano Arturo. También luchó contra la impunidad y el olvido de otros crímenes del franquismo y la Transición.

El asesinato de Arturo sucedió en el corazón de Madrid durante una manifestación la víspera de la matanza de los abogados laboralistas de la calle Atocha. Con el asesinato de Arturo comienza lo que se llama la Semana Negra de Madrid.

El domingo 23 de enero de 1977, Arturo Ruiz fue asesinado por el matón y ultra José Ignacio Fernández Guaza, un sicario del Estado que hacía trabajos para la policía y la Guardia Civil y que pertenecía a la banda fascista de los Guerrilleros de Cristo Rey (grupo de extrema derecha, paramilitar que maniobraba para cortocircuitar la democracia).

El día 23 de enero de 1977 fue convocada una manifestación en la Plaza de España en Madrid en la que se pedía la amnistía de los presos políticos que seguían encarcelados. Esta manifestación había sido prohibida por el ministro de la Gobernación (Interior) Rodolfo Martín Villa quien dio la orden de reprimirla con dureza.

En la Gran Vía aguardaban a los manifestantes grupos de fascistas con pistolas, porras, cadenas y puños americanos. Fueron identificados en la manifestación distintos ultras como el asesino de Arturo: José Ignacio Fernández Guaza, hijo de un militar falangista, amigo de Carrero Blanco y también de Billy el niño, José Fernández Cerrá de Fuerza Nueva, que participó al día siguiente en la matanza de los cinco abogados de Atocha, el italiano Stefano Delle, que participó en los sucesos de Montejurra en 1976, y el argentino Jorge Cesarsky Goldesten, pistolero nazi, de origen judío, y perteneciente a la Triple A. Cuando llegó a España, frecuentaba los círculos de Fuerza Nueva.

Arturo acudió con un grupo de amigos a la manifestación de Gran Vía. La policía la reprimió con dureza cargando contra los manifestantes, y es cuando se dispersaron por las calles aledañas. En Callao, junto a la Plaza de Soledad Torres Acosta en la confluencia de la calle de La Estrella y la de Silva, donde se encontraban un grupo de manifestantes, entre ellos Arturo, aparecieron dos ultras. Uno de ellos, con un abrigo verde, sacó una pistola y disparó al aire al grito de «Viva Cristo Rey». Este hombre era Jorge Cesarsky Goldesten. El otro ultra y asesino «confeso» fue José Ignacio Fernández Guaza, quien le pidió el arma a Cesarsky, la empuñó y con las dos manos disparó por la espalda a Arturo provocándole la muerte. En el sumario, los testimonios comentan que pocos minutos antes de los disparos, Arturo salió en defensa de una chica a la que Fernández Guaza la estaba increpando con una cadena y una manopla metálica con puntas.

Arturo tenía 19 años recién cumplidos (era menor de edad, la mayoría se adquiría a los 21) y era estudiante de BUP en el Colegio Nuestra Señora del Recuerdo de Madrid en horario nocturno, ya que durante el día trabajaba en la construcción o en la fábrica de leche Clesa.

Mientras los testigos lo introdujeron en un vehículo particular para llevarlo a la Casa de Socorro, donde ingresó ya cadáver, la policía permitió que los asesinos huyeran y además volviesen a cargar contra los manifestantes dejando varios heridos de bala y golpeados con saña por antidisturbios y guerrilleros. Más tarde, los mismos testigos pintaron con tiza la silueta de Arturo en el suelo donde aún permanecía el charco de sangre, colocando unas velas y unas flores que inmediatamente la policía destruyó. El gobernador civil, Juan José Rosón, afirmó que la muerte de Arturo fue debida a un enfrentamiento entre grupos de significación política contrarios. Evitó en todo momento referirse a los Guerrilleros de Cristo Rey pese a que los asesinos lo habían voceado.

El asesino, José Ignacio Fernández Guaza, tras disparar a Arturo, se refugió en las dependencias de la policía de la calle Rey Francisco nº 21, sede del Servicio de Coordinación, Organización y Enlace (SCOE), creadas por Arias Navarro para investigar las actividades de los españoles en el extranjero. Allí, tras la manifestación, también acudió Jorge Cesarsky Goldesten, los dos eran colaboradores habituales de estas dependencias.

Cuando ya la policía no podía protegerlo más, José Ignacio Fernández Guaza, pasó por su domicilio, recogió una bolsa con dos pistolas y viajó en coche hasta el País Vasco. Desde allí le pidió a su pareja, María del Carmen Chacón, que le enviase dinero a la dirección de un amigo guardia civil (Juan Carlos Cabrera), después pasó a Irún y a París, permaneciendo allí un año escondido con documentación falsa, proporcionada por las fuerzas de seguridad del Estado.

Hay que resaltar que en el sumario, que consta de varias páginas, nunca aparece el número de DNI de este criminal (esto nos indica lo protegido que estaba). Fernández Guaza nunca fue detenido, nunca se sentó en el banquillo. Se esfumó de España tras el crimen con la ayuda de las fuerzas de seguridad del Estado y ha gozado y goza de impunidad durante 48 años. El único condenado fue Jorge Cesarsky Goldesten, a cinco años de prisión por terrorismo y a seis meses por tenencia ilícita de armas. Sólo cumplió un año.

Arturo murió por la libertad y la democracia de este país. En mayo de 2000 fue reconocido como Víctima del Terrorismo. En mayo de 2019, mi marido Manuel Ruiz consiguió, después de mucha lucha, que la Junta Municipal de Fuencarral-El Pardo pusiera el nombre de Arturo Ruiz García a una Instalación Deportiva en Peñagrande, su barrio. Un mes más tarde en junio del 2019, consiguió que el Ayuntamiento de Madrid colocase una placa en su memoria en la plaza de Soledad Torres Acosta donde fue asesinado.

En la familia siempre hemos sabido quién fue el asesino, que este huyó con la ayuda de las fuerzas de seguridad del Estado y que residía en Argentina. Esto se demostró en el año 2022, gracias al investigador Carlos Portomeñe que dedicó siete años a estudiar el caso, plasmado en su libro *La Matanza de Atocha y otros crímenes de Estado*. Carlos descubrió que el asesino, José Ignacio Fernández Guaza, vive en el municipio Ingeniero Maschwitz a 45 km de Buenos Aires, Argentina, con identidad falsa. Todo su estudio, bien documentado, nos lo entregó y mi marido Manuel y mi cuñado Miguel Ángel contactaron con dos periodistas del diario *El País,* José María de Irujo y Joaquín Gil, que se desplazaron a Argentina y lo entrevistaron.

La entrevista sale publicada en el periódico *El País* el 2 de noviembre de 2023. En ella, el asesino José Ignacio Fernández Guaza reconoce que disparó al corazón de Arturo para provocarle la muerte, que no se arrepiente de nada, y que fue la Guardia Civil quien le dijo que se fuera de España. Asegura en la entrevista que la documentación de su identidad actual fue elaborada por los «servicios de seguridad españoles» tras la muerte de Arturo Ruiz. El pasaporte falso le permitió moverse con libertad por Latinoamérica, y lo hizo como pez en el agua. También reconoce que trabajó para la Guardia Civil en el sur de Francia en la guerra sucia contra ETA y que, en 1979, un año después de aterrizar en este país, recibió la visita de funcionarios de la Presidencia del Gobierno, preguntándole si iba a seguir haciendo trabajos para ellos. También dice que se reunió con agentes de Interpol, el organismo que localizaba a fugitivos, con los que acordó mantenerse fugado de la justicia. Reconoce este criminal que participó en el Plan que el poder franquista estableció para acabar con la vida de aquellas personas que reivindicaban la ruptura con la dictadura.

La familia, en estos casi 50 años, no hemos dejado ni un minuto de luchar para encontrar la justicia que, lamentablemente, todavía hoy no hemos encontrado en nuestras instituciones. Dicha búsqueda se ha centrado en la reivindicación de la memoria de Arturo a través de esclarecer la verdad de lo ocurrido. Por un lado, la verdad judicial, intentando que la Audiencia Nacional reabra el procedimiento archivado en falso en el año 2000 por tratarse de un delito de lesa humanidad que, seguimos defendiendo, es imprescriptible. Por otro lado, la verdad en el ámbito administrativo, solicitando al Ministerio del Interior que desclasifique toda la documentación relativa al asesinato de Arturo, para esclarecer la responsabilidad del Estado ante la connivencia de las autoridades que colaboraron en la huida de Fernández Guaza a la Argentina.

En septiembre del año 2023, la sección Primera de la Audiencia Nacional desestimó reabrir la investigación al rechazar un recurso de súplica, por dos votos a uno con el argumento de que no puede aplicarse la Ley de Memoria Democrática que obliga a investigar el franquismo. Los magistrados arguyeron que, aunque el caso se siguió por terrorismo y tenencia ilícita de armas, no se ha acreditado que la muerte fuera debida a la dictadura franquista. La resolución contó con el voto particular en contra del magistrado José Ricardo de Prada rebatiendo el argumento de sus compañeros.

Es la Audiencia Nacional quien sigue negándose a hacer justicia reabriendo el procedimiento, hecho que nos ha llevado a interponer un recurso ante el Tribunal Europeo de Derechos Humanos, así como a seguir impulsando el procedimiento abierto en Argentina contra Fernández Guaza y contra Rodolfo Martín Villa (responsable político del asesinato de Arturo).

El de Arturo es un crimen de Lesa Humanidad porque había un plan del Estado para acabar con la vida de aquellas personas que pedían la ruptura con la dictadura (plan en el que participaba el asesino José Ignacio Fernández Guaza, como el mismo reconoce) y que, por tanto, el crimen no prescribe. En la Querella Argentina, la jueza María Servini imputó a Rodolfo Martín Villa por 12 asesinatos, entre ellos el de Arturo. En enero de 2024, después de que se desvelara el paradero del asesino en Argentina, María Servini reclamó a España que le informara de manera urgente sobre las medidas que se adoptaron durante la Transición para combatir a los grupos de ultraderecha que protagonizaron numerosos asesinatos y las órdenes dadas a las Fuerzas de Orden Público para reprimir a los manifestantes. No hay respuesta hasta ahora.

El caso paradigmático del asesinato de Arturo a manos del terrorismo ultraderechista no puede quedar impune, máxime cuando el asesino está vivo y localizado. Y aspiramos a todas las instancias judiciales existentes, tanto nacionales como internacionales, para encontrar la justicia que, lamentablemente, otros no han encontrado.

La mejor manera de no dejar abandonada a su suerte la memoria de Arturo y de tantos otros luchadores por la democracia y las libertades en nuestro país, no es otra que pedir, como así hemos hecho y seguimos haciendo, la aplicación de la ley. Concretamente, la de la vigente Ley de Memoria Democrática, y saber de esta forma, la verdad.

Ya es hora de que, desarchivando el procedimiento, podamos saber cómo, de qué manera y que personas en concreto, le proporcionaron la huida al asesino, poniendo de una vez por todas, y quizá por primera vez, al Estado frente al espejo y abriendo en canal el relato oficial de la Transición, denunciando la existencia de crímenes de Estado, cuya única forma de purgarlos es, precisamente, sacándolos a la luz pública e investigándolos.

Quiero terminar con unas frases sobre Arturo recogidas en el fanzine *Los olvidados de la Transición* publicado en enero de 2024:

> Estabas en todos los líos, es verdad, la defensa de la libertad fue tu patria y por eso fuiste diana de los disparos que te asesinaron por la espalda. El maldito ejercicio de los cobardes. Fue en una manifestación por la amnistía de los presos políticos, para ti no hubo amnistía, sino una injusta ejecución.

> Muchas gracias.

Amnistía

*Una idea compartida germinó peligrosamente en el pedregal
de la ignorancia.
La cárcel nunca encerró un pensamiento,
y esos absurdos barrotes fueron papel de agua ante el clamor.
Abrid las celdas, poderosos escribanos del horror,
fuera túneles y muros.
Llegaron ellos.
Cuerpos abrigados, bien cenados,
pantalones nuevos, en la camisa gemelos,
el bolsillo lleno, un gatillo entre los dedos.
Un joven airado, de pelo rizado, piedra en mano,
ya está condenado.
Disparos por palabras,
no pensar, huir
y un cadáver más en la cuneta.
El último aliento de Arturo,
continuó el invierno.*

J. A.

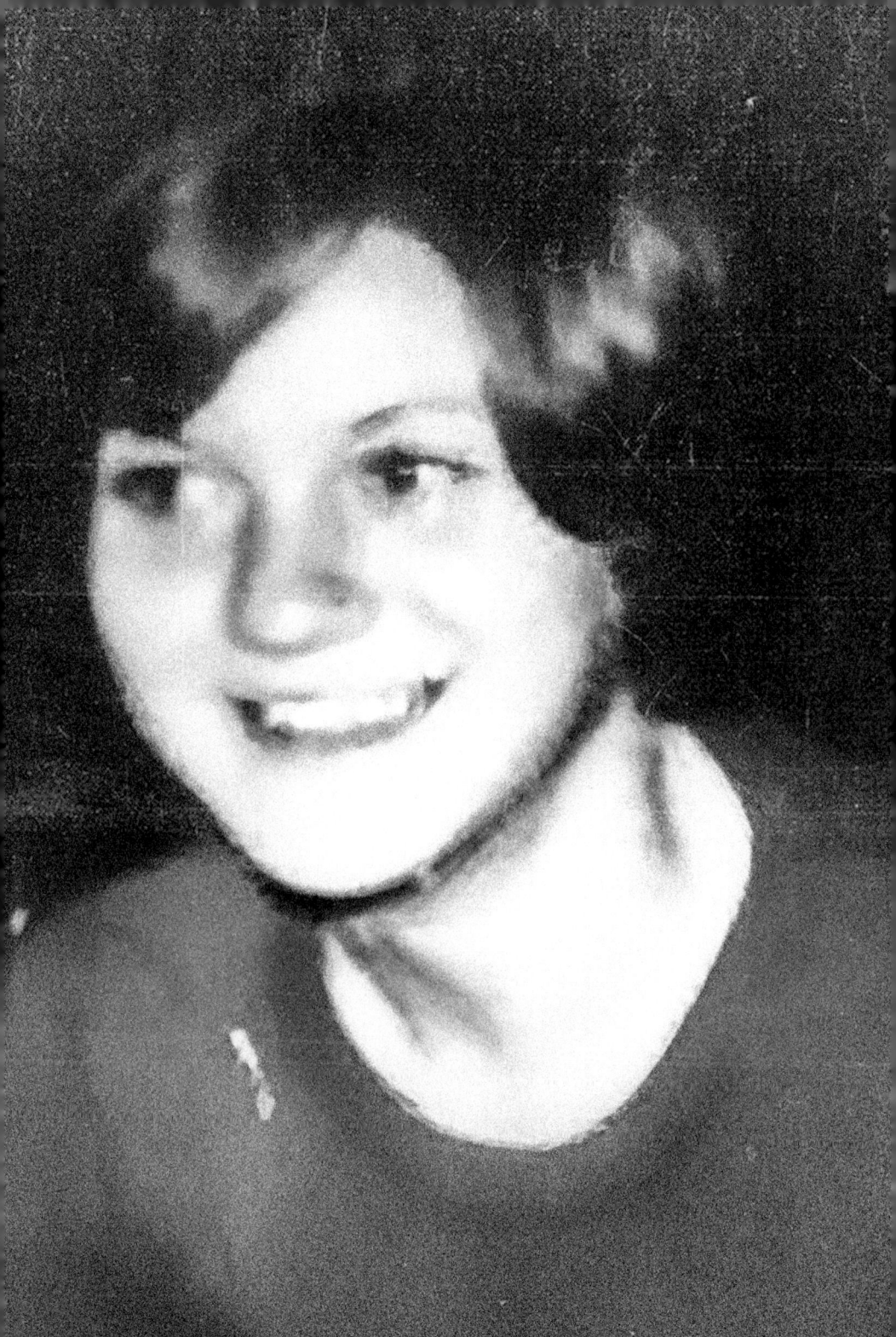

Mari Luz
Nájera

6.
Mari Luz Nájera, asesinada por la policía. 24 de enero de 1977

Tras la dura represión de la manifestación pro-amnistía del domingo en Madrid y el asesinato de Arturo Ruiz, se convocó una huelga de repulsa en todas las universidades de Madrid el 24 de enero. El seguimiento del paro fue total y más de 100.000 personas participaron en la huelga y las manifestaciones de protesta.

A una de estas manifestaciones, en la Gran Vía, acudió Mari Luz Nájera, estudiante de 20 años, con un gran ramo de claveles rojos para depositarlos, probablemente, en el lugar en el que el día anterior fue asesinado Arturo Ruiz. La policía antidisturbios le disparó a pocos metros un bote de humo, que prácticamente le causó la muerte. Aun así, los policías la golpearon brutalmente, hasta el punto de que su tío, que la vio en la morgue, atestigua que tenía amoratado todo el cuerpo.

Ningún policía fue arrestado ni expedientado. Mari Luz fue enterrada en el cementerio del pueblo de Barajas acompañada por miles de personas que portaban una pancarta donde se leía «Mari Luz, tus compañeros de facultad no te olvidan».

Anabel Santamaría
Testigo del asesinato de Mari Luz Nájera

Hola, buenos días a todos. Después de este emocionante relato de Olga y de Javier, yo me quedo un poco en segundo plano. La memoria de Manuel siempre seguirá entre nosotros.

De hecho, yo soy parte de esta familia gracias a él. Él fue el que contactó conmigo para unirme al COT y estoy encantada de participar al lado vuestro y dar testimonio de lo que realmente ocurrió en esa Transición sangrienta para que se sepa la verdad y que esa lucha no termine, para que ellos, todas las víctimas de la Transición tengan justicia honrando su memoria.

En mi relato vuelvo a mis 15 años, cuando vi desde una ventana de las oficinas de Cubana de Aviación en la avenida de José Antonio 45 —llamada así entonces, en la actualidad se llama Gran Vía— una manifestación salir por la calle de San Bernardo con una pancarta muy grande que decía «Justicia, Amnistía y Libertad».

Justicia para Arturo, que había caído asesinado a manos de la extrema derecha el día anterior. La manifestación transcurría por la Avenida José Antonio hacia arriba, hacia la calle Plaza de Callao, con esa pancarta sujeta por una multitud de personas, la mayoría de la Universidad Complutense.

Lógicamente yo tenía 15 años. Veía mucha multitud, pero desconocía de dónde procedían. Me fijé precisamente en una persona que iba sujetando la pancarta en la cabecera de la manifestación porque llevaba un ramo de claveles enorme, muy grande y a lo mejor una niña de 15 años, en la retina fue lo que me llamó más la atención. Me fijé en ella con su anorak amarillo y en ese ramo de claveles.

Los demás manifestantes llevaban una sola flor y ella llevaba un ramo enorme de claveles por la muerte de Arturo Ruiz. Antes de alcanzar la plaza de Callao, comenzaron a llegar los coches de policía. La manifestación empezó a dispersarse por todas las calles. La ventana donde yo estaba fue un punto clave para ver todos lo ocurrido, para los que no conocéis la zona, la ventana de Cubana de Aviación daba justo enfrente de la calle Libreros.

Mari Luz tiró por ese camino, por la calle Libreros y casualmente una de las dotaciones de la policía, de los *grises,* paró justo debajo de la ventana de Cubana de Aviación. Se bajó y sin casi poner el equilibrio del cuerpo en el suelo, un policía disparó la escopeta lanzando un bote de humo en dirección a donde iban los manifestantes por la calle Libreros tal cual.

Entonces vi la trayectoria del bote como alcanzo a Mari Luz directamente en la cabeza, en el cráneo, cayendo a bocajarro en el suelo. Con toda la rabia le empecé a decir al policía «¡Asesino, asesino! ¡La has matado, asesino, la has matado!». El policía, sin mediar palabra, se dio la vuelta. Me encañonó a mí.

Los empleados de Cubana de Aviación me tiraron al suelo diciendo «Anabel, cállate o te matan a ti también». Me apartaron de la ventana para protegerme. Acto seguido cerramos ventanas, pero yo seguía viendo por los cristales todo lo que sucedía.

Vi cómo otros policías, al otro lado de la calle, se bajaban del furgón y se liaban a patadas con Mari Luz que estaba tirada en el suelo, pisotearon el ramo de flores que ella llevaba y lo esparcieron por todo el suelo. Los compañeros de Mari Luz la levantaron y la llevaron a resguardo en el cine Rialto, que está al lado, y allí intentaron protegerla cubriéndola con sus cuerpos, porque la policía seguía dando porrazos y patadas tanto a los compañeros como a Mari Luz, pero Mari Luz estaba inconsciente, no se movía. Y luego ya no supe nada más.

Yo no conocía con anterioridad a Mari Luz, lo quiero dejar claro, no conocía a Mari Luz de nada, ese día fue el único que nuestras vidas se cruzaron por unos instantes.

Esa vivencia que viví con 15 años fue un antes y un después en mi vida.

Siempre lo he dicho, siempre lo diré y siempre que hablo de este suceso vuelvo a tener 15 años, vuelvo a revivir en mi retina el momento, cada instante de esa mañana desde esa ventana. Nunca podré olvidar cada instante, el odio, la injusticia, la impotencia, la rabia y la mirada de ese policía cuando se volvió encañonándome a mí, cómo recogieron a Mari Luz, su cuerpo inerte. Eso NO se olvidará jamás.

Luego me fui a estudiar, pues me pasaba lo que le pasaba a Arturo. Yo trabajaba por la mañana y estudiaba por la noche. Cuando salí de allí, no sé si recordáis, muchos de vosotros lo vais a recordar, había comercios, tiendas que tenían televisores, se ponían altavoces fuera y la gente que pasaba por la calle podía oír incluso las noticias.

Pues bien, yo al salir del instituto donde estudiaba oí: «Mari Luz Nájera, vecina de Barajas, ha muerto a causa de las lesiones recibidas en una manifestación por sus compañeros»… y yo no, no ha sido así. Bueno, pues ahí se quedó el tema zanjado, porque claro, mis padres, el miedo… yo le dije: «papá, yo lo he visto papá, yo lo he visto».

El miedo a que a mí me hicieran algo con la edad que tenía, me dijeron: «no podemos hacer nada, cállate, no podemos hacer nada». Con el tiempo, por casualidades de la vida, pues coincidí con los familiares de Mari Luz Nájera, concretamente con una de las primas que por redes sociales, las redes tienen lo bueno y lo malo, contactamos y coincidimos.

Entonces me dijo: «Me gustaría saber qué le pasó a mi prima ese 24 de enero de 1977 en esa manifestación, porque nos dijeron que se había enfrentado a un policía y que en la represalia ella salió huyendo, tropezó, cayó al suelo y los compañeros pasaron por encima pisoteándola». Entonces quedé con ella. Hablamos y le dije: a tu prima pasó esto y quiero que sepáis la verdad.

Tenéis la necesidad de saber la verdad y es justo que así sea. El padre de Mari Luz había muerto sin saber lo que había pasado con su hija. La madre estaba ingresada con Alzheimer. Le pasó lo mismo que a la madre de Ángel y creo que la naturaleza hace lo posible para que olviden todo el dolor que han pasado de alguna manera.

Todos los años, el 24 de enero, hay un monolito en la Alameda de Osuna, junto al parque que se llama Mari Luz Nájera, donde nos reunimos los vecinos, amigos y familiares. Yo relato lo que vi. Los familiares agradecen cuando voy que se diga y que se sepa la verdad, y que sepan por lo menos, como me dijeron los primos y el tío de Mari Luz, por lo menos sabemos qué ha pasado con mi sobrina o qué ha pasado con mi prima.

Era justo saberlo. Y te damos las gracias. Me dan las gracias, que no tienen por qué darlas, por supuesto, pero que esa lucha debe continuar. Que no podemos olvidar a los que por defensa de la libertad, por la amnistía, han caído de una manera injusta. Del policía nunca se supo nada, quedó totalmente impune.

Ni sabían quién lo hizo y él nunca dijo nada. Con lo cual, quedó sin ser juzgado nadie por ese asesinato. Hubo una manifestación el día del entierro, no dejaron entrar ni a los familiares al Anatómico Forense para acompañar al féretro. Sí sé que en Barajas, cerca de la ermita, se sacó el féretro de Mari Luz del coche y se llevó a hombros por los compañeros y amigos hasta el cementerio donde está actualmente enterrada.

Justicia, justicia y reparación es lo que hace falta, como decía Manuel. Y agradezco estar en esta familia, donde esta lucha tiene que seguir día a día y que la gente no olvide y sepa la verdad. Lo único que mi testimonio aporta es que se sepa la verdad.

Muchas gracias.

Pétalos

Tallos delgados, flores rojas,
un ramo de amor y rabia por el hermano caído
el adiós doliente,
la emoción luz en las caras rebosa
Una mujer menuda, toda clavel, pinta de color la Gran Vía
Y la peste de la bestia,
las carreras, el fuego,
los brotes aplastados por el suelo.
Flota el último aroma, vestido de abandono.
Cubierta de arrebol, esa pequeña nada
te llama, te llama.
Estela fragante, débil voz
se apaga, se apaga.
Tú, Mari Luz,
En la sombre de Arturo,
siguió el invierno.

J. A.

Jordi
Martínez de Foix

7.
Jordi Martínez de Foix, joven militante comunista, muerto en extrañas circunstancias

Jordi Martínez de Foix murió en extrañas circunstancias el 14 de octubre de 1978. Jordi era amigo y compañero de militancia de Gustavo Muñoz, asesinado por la policía en la Diada, apenas un mes antes.

Jordi fue detenido después del asesinato de Gustavo y, como consecuencias de las torturas y malos tratos policiales que sufrió, tuvo que ser ingresado en un hospital, donde le amenazaron con que le ocurriría lo mismo que a su amigo. Jordi siguió luchando y no se acobardó ante la siniestra Brigada Político-Social.

Pero las amenazas se hicieron efectivas, y Jordi murió en una explosión en el interior de un piso.

Según la versión oficial la explosión fue accidental, pero las investigaciones de amigos y familia determinaron que fue provocada: se encontró un componente para explosivo no asequible a personas civiles. Todo apunta a que se trató de un asesinato más de la Transición.

Blanca Martínez de Foix
Sobrina de Jordi Martínez de Foix

Buenos días a todos. Hoy es la primera vez que cuento la historia de mi tío. En este tipo de actos normalmente hablaba mi padre, hablaba mi abuela, ellos fallecieron hace unos años y yo he querido recoger su testimonio para que el caso de mi tío no se olvide. Nunca había hablado de mi tío y menos delante de tanta gente y en castellano, que no es mi lengua materna.

Se hace difícil hablar después de tantas emociones, después de tantos años sale tanta rabia y tanta pena. Y bueno, estoy muy contenta de estar aquí, de estar con estos amigos y compañeros. Os cuento que Jordi Martínez de Foix militaba en el PCE (i) con Gustavo Muñoz. Gustavo murió con 16 años. Un policía le disparó por la espalda en una manifestación el 11 de septiembre de 1978 y un mes después mi tío murió en extrañas circunstancias.

Yo soy de las familias que nunca sabremos lo que ha pasado, nunca sabremos la verdad y esto en mi familia ha dolido mucho. Ha habido mucho dolor, mucho silencio y mucha soledad. Mi tío Jordi, después de la muerte de Salvador Puig Antich, que en Barcelona tuvo mucho revuelo, entró a militar en el PCE (i).

De hecho, fue mi padre quien le introdujo en el partido. Y él siempre vivió con la culpa o la responsabilidad de que fue él quien lo introdujo. Y es una espina que siempre tuvo como muy clavada. A partir de ahí, eran jóvenes de 17, 18.

Las historias son muy parecidas a las que estamos compartiendo hoy, jóvenes comprometidos y activistas.

El 2 de diciembre del 77, en una manifestación en Barcelona contra los Pactos de la Moncloa, dos policías de paisano se le acercaron y le dispararon. Esta es la versión de mi tío y de mi familia. La versión oficial es que los policías se tuvieron que defender y por eso le dispararon, en la barriga y en la pierna.

Entonces Jordi era joven, 20 años, estuvo cuatro meses en un hospital esposado con vigilancia 24 horas. Él había sido una víctima. Le acusaron. Interrogaron también a mi familia.

Yo no me acuerdo de nada de esto, tenía cuatro años. Yo soy de la generación que ha vivido una Transición modélica. Es lo que me han contado. Pero lo que vivió mi familia no tiene nada de modélico ni democrático.

Cuando Jordi salió del hospital, supongo que también más radicalizado, entró en la clandestinidad. El 11 de septiembre del 78, en una manifestación con Gustau. Gustau fue asesinado por un cobarde que le disparó por la espalda.

Tenía 16 años. ¡Mi hijo ahora tiene 16 años! Es que son chavales.

La muerte de Gustau lógicamente también le impactó. La policía lo estaba buscando, vivía en la clandestinidad y el 14 de octubre del 78 el piso donde se encontraba explotó.

La versión oficial es que Jordi estaba preparando un explosivo, no sabía qué estaba haciendo y la casa se quemó. en el fondo ahora diríamos: es un terrorista que estaba preparando un explosivo, porque al día siguiente había una manifestación en homenaje a Lluís Companys. Esta es la versión oficial y la versión con que ha vivido mi familia.

Nunca sabremos que pasó. Los vecinos del piso dijeron que Jordi no estaba solo, que otra persona estuvo en el apartamento esa noche. Gente del partido entró en el piso, analizó las sustancias que había y allí había fósforo y otros componentes que no son habituales en este tipo de dispositivos.

Mi familia siempre ha creído, supongo que también es más fácil, pues que no fue él, que le explotó el piso, sino que alguien le asesinó. No lo sabremos nunca y es lo que quería compartir con vosotros, lo que he vivido yo, que tenía 4 años cuando esto pasó y tengo muy pocos recuerdos.

Mis abuelos no lo superaron nunca, mi padre vivió con el peso de haberle introducido en el PCE (i), mis otros tíos perdieron a un hermano, un joven comprometido, luchador y alegre. Lo que ha vivido mi familia se resume en mucha rabia, mucho dolor, pero también mucha soledad, mucho silencio y mucha impunidad.

Muchas gracias.

Condenado

Compañero, amigo, también testigo y primero herido.
Respetó tu vida esa bala nada perdida.
En la lucha no hay descanso,
alguien cayó unas calles más abajo,
será tu guía, tu respaldo.
¿Quién habló de derrota?
No caben desalientos, vamos, vamos.
Pero el enemigo se acerca,
viene completo de odio,
el acoso como adorno.
No te van a perdonar,
no habrá segunda oportunidad.
Te encuentran, borrarán las pruebas.
Estás sólo, no hay amigos, compañeros ni testigos,
solo el fragor de la explosión.
Abatido, esparcido, muerto, en fin.
Trista tardor Jordi.

J. A.

José Luis
Montañés

8.
Diciembre de 1979. José Luis Montañés y Emilio Martínez caen tiroteados en una manifestación

Tras la huelga del 5, 6 y 7 de diciembre de 1979, convocada por la Coordinadora de Estudiantes de Madrid, se organizó una manifestación el día 13 a la que asisten más de 100.000 estudiantes para protestar contra la Ley de Autonomía Universitaria (LAU).

Ese día en Madrid confluían varias manifestaciones a la tarde: una en Cuatro Caminos y otra en la calle Princesa, ambas de estudiantes, y la organizada por CCOO, USO y el Sindicato Unitario contra el Estatuto de los Trabajadores. Cuando la policía disolvió las dos primeras, muchos estudiantes se intentaron incorporar a la manifestación de trabajadores. Pero a la altura de Ronda de Valencia, cerca de la glorieta de Embajadores, José Luis y Emilio fueron tiroteados por la policía y asesinados.

Hubo versiones de testigos que echaron por tierra los testimonios de la policía, como el supuesto ataque al jeep policial. Se demostró luego que los mismos policías se habían dirigido a la Casa de Campo y recogieron piedras del río Manzanares para aportarlas como prueba. También hubo presiones hacia las víctimas heridas por parte de policías empeñados en recuperar las balas que los incriminaran (…)

Pero lo más ruin fue la información que emitió TVE, negando que los fallecidos fueran estudiantes y especulando sobre las 70.000 pesetas incautadas a José Luis Montañés, insinuando alguna financiación revolucionaria, tal vez terrorista. El juez verificó que aquel chico, además de estudiante, era cobrador de la agencia de viajes Marsans y llevaba en su mochila la recaudación del día. También comprobó el juez que las balas recuperadas de los heridos eran de las pistolas de policías procesados, pero la Audiencia Provincial denegó el procesamiento y archivó el caso...

Estos párrafos, recogidos en el libro del periodista Sánchez Tostado *La Transición oculta,* nos ayudan a comprender la brutalidad de lo ocurrido.

Javier Montañés
Hermano de José Luis Montañés

Hola a todos. El asesinato de José Luis es un relato muy similar a los aquí expuestos, el relato de aquella terrorífica noche del 13 de diciembre del 1979 que, a toda costa, quieren hacernos olvidar y que jamás lo haremos.

Recibimos una llamada de teléfono de un familiar octogenario que, escuchando la radio, se enteró de la muerte de dos estudiantes en una manifestación. Había escuchado el nombre de José Luis Montañés y se asustó. Nos llamó inmediatamente, ya era tarde.

Nos enteramos solo por este familiar, ninguna otra llamada. Podéis imaginar la reacción. Una locura. Fue tremendo, mis padres enloquecieron, perdieron el control sobrepasados por el *shock*, llantos, gritos, incredulidad. Salimos de casa en principio sin rumbo, buscando ayuda a través de los hermanos de mi madre, Gonzalo y José, fuimos en su búsqueda. Llegamos a Atocha, donde creíamos que estaba su cuerpo.

Horror, frio, miedo, incredulidad e impotencia. En las primeras noticias de la prensa de la mañana al dolor se suma la frustración, las mentiras para confundir, se falseó la condición de estudiante de José Luis de veintidós años, intentando hacerle pasar por un agitador profesional. José Luis era un trabajador estudiante, tenía que trabajar para pagarse sus estudios como casi todos los de esa generación, querían hacerle pasar por un agitador que tenía dinero en su mochila. José Luis trabajaba para una agencia de viajes, la agencia Marsans, llevando billetes de avión, entre otros, a los diputados en la Carrera de San Jerónimo, de ahí el dinero que encontraron en su mochila, era el cobro de los billetes.

Recuerdo haber tenido en las manos su mochila blanca ensangrentada, abrirla y ver los sobres manchados de sangre, horroroso. Quererle usurpar su identidad de trabajador, de estudiante, por agitador para engañar por enésima vez al pueblo.

Intentaron hacer pasar por víctimas a los policías, cinco o seis individuos armados en *jeep* que dispararon sin escrúpulos a quemarropa a estudiantes desarmados. Dañaron premeditadamente su vehículo en busca de una coartada presentando una piedra como prueba… a cambio balas y muerte. Recuerdo la movilización de la gente en Atocha en su apoyo andando hasta el cementerio de la Almudena, saludando desde los balcones. Recuerdo el cadáver de mi hermano, con un disparo en el cuello, ensangrentado, sin vida.

Fueron tantas cosas tan dolorosas esos días, yo tenía 15 años, qué puedo decir. Nunca jamás en la vida lo podré superar, y nuestro deber es que no se olvide, intentar hacer todo lo que esté en nuestras manos para que esto no quede impune en la memoria de nuestra triste historia moderna, por la justicia social y por los derechos humanos de tantos estudiantes y tantos trabajadores masacrados en aquel periodo, ocultando los crímenes represores del Estado, vendiéndonos la gran mentira de la «modélica Transición» que no interesa recordar.

Nunca podré superar aquella pérdida. Quiero agradecer al COT por estar ahí y por haberme localizado dándome la oportunidad de contaros esta tragedia ocurrida hace 45 años.

Muchas gracias.

La balacera

Miserables salarios en eternas jornadas,
los enfermos de pobreza, en la dignidad unidos.
No queremos migajas, hablamos de respeto.
Hartos de desprecio, somos el pueblo,
atados por la escasez, exigimos derechos.
Y ahora, que corre peligro tu bolsillo
¡Protegedme de la chusma vengativa! ¡Que venga la policía!
Y vino, como siempre, a defender… al capital y al poder.
¿Qué nos separa?
Me gustaría decir que nada.
Vosotros también sois hijos del desprecio y la necesidad,
pero os creéis guardianes, vasallos queridos, distinguidos.
Y vuestro uniforme ¿de qué os protege? ¿De nosotros?
Eso sí, vuestras armas y el rencor nos distancian
Quizá nos envidiáis. Nos odiáis.
No hay piedad, la pistola sale de su funda,
¿disparos al aire?, ¿corazones voladores?
Dos jóvenes, con los pies en la tierra, no verán las horas.
Eres tú José Luis, y también tú, Emilio. Otra vez invierno

J. A.

Yolanda
González

9.
Yolanda González, secuestrada y asesinada. Febrero de 1980

Yolanda González, bilbaína de 19 años, estudiante de formación profesional en Vallecas, fue secuestrada y salvajemente asesinada por Emilio Hellín e Ignacio Abad, miembros de Fuerza Nueva.

En esos días los estudiantes seguían luchando contra el Estatuto de Centros Docentes y la LAU (Ley de Autonomía Universitaria). Yolanda era una activista destacada de la Coordinadora de Estudiantes, militante del PST (Partido Socialista de los Trabajadores), y trabajaba para poder pagarse los estudios.

En este caso sí hubo procesamiento de los culpables. La crueldad del caso y las evidentes pruebas del secuestro y asesinato, así como la movilización de los estudiantes, hicieron posibles la condena del asesino, Emilio Hellín, a 43 años de cárcel. Pero a pesar de esa condena disfrutó de permisos penitenciarios, y en uno de ellos se fugó a Paraguay y recibió la protección del régimen dictatorial de Alfredo Stroessner.

La lucha de sus compañeros por la memoria de Yolanda ha logrado que en Madrid y en Deusto haya lugares específicos donde se la recuerda.

Mar Noguerol
Compañera de Yolanda González

Hola, buenos días. Lo primero, transmitir el agradecimiento de todas las amigas, compañeras, y muy especialmente de los familiares de Yolanda González. Cuando comentabais como curiosamente el Alzheimer ha hecho estragos entre los familiares, quiero recordar aquí a la madre de Yolanda González, a Lidia Martín, que siempre fue la cabeza de toda la lucha por la justicia y por la reparación, por llevar hasta el final la investigación, el castigo a los culpables y la exigencia de justicia en el asesinato de su hija y que también fue víctima del Alzheimer, como otras madres o padres que se han comentado aquí.

Transmitir especialmente este agradecimiento y contar un poquito lo que pasó con Yolanda. El 2 de febrero de 1980, Yolanda fue asesinada por un comando de Fuerza Nueva, con vasos comunicantes completos con todos los cuerpos de seguridad del Estado y con la justicia de la época, de los que todavía quedan muchos residuos en el presente.

Yo compartí con ella su aventura emancipadora en Madrid, cuando se vino. Su familia había migrado a Bilbao. Era una familia obrera, procedente de Burgos y vivían en Bilbao. Ella siempre fue autodidacta políticamente, empezó a militar, empezó en las Juventudes Socialistas y allí conoció a un sector trotskista que luego acabamos formando el Partido Socialista de los Trabajadores, y enseguida se unió pues ella sintió que había que ir más allá.

Y yo creo que lo fundamental de ella es que siempre fue una militante revolucionaria, una persona absolutamente comprometida, como las personas de aquella época, como la juventud de aquella época, que creo que fuimos los que realmente trajimos la libertad y los derechos. Desde que llegó a Madrid, que compartimos piso juntas, con su compañero también, Alejandro Arizkun, ese apellido y esa militancia de Yolanda en el marco de aquella época fue lo que llevó a su asesinato, porque no podían tolerar una mujer vasca joven, trabajadora.

Ella también trabajaba como limpiadora además de sus estudios en formación profesional y empezó en el instituto de Vallecas. Y allí pues, en el marco de una situación de mucha lucha, de mucha movilización en las calles, como fue toda la época de la Transición, Yolanda estaba en la manifestación en la que se asesinó a José Luis y a Emilio.

Estábamos en plena lucha entre los trabajadores contra el Estatuto de los Trabajadores y entre el movimiento estudiantil, que estaba totalmente en movilización tanto en enseñanza media como en la universidad contra la LAU y contra el Estatuto de Centros Docentes. Yolanda estaba ahí, estaba la Coordinadora de Enseñanza Media como representante de su instituto, y en su instituto pues los fascistas la identificaron.

Ya la empezaron a señalar porque ella llevaba un colgante que era un lauburu, un símbolo vasco que le había regalado el comité de empresa de una fábrica en Bilbao, allí cerca de su casa de la Ribera de Zorrozaurre, donde vivía, por apoyarles en una huelga que habían tenido.

La señalaron y el director de su instituto, al que no quiero ni nombrar, fue el que pasó el nombre y la dirección de Yolanda al comando de Fuerza Nueva que fue a casa aquella noche del 2 de febrero, la secuestró, la llevó a un descampado, la torturó y la ejecutó, le pegó unos tiros y luego lo reivindicó al día siguiente como Batallón Vasco

Español, acusando de que éramos un comando etarra quienes vivíamos allí en aquella casa.

Inmediatamente hubo una respuesta impresionante.

Junto con lo que vamos a hablar luego también de Almería, es de los hechos más finales, hablamos ya del año 80, de la Transición. El asesinato de Yolanda tuvo un impacto tremendo en el movimiento estudiantil. Generó una respuesta impresionante. También generó mucho miedo. Que es lo que buscaban.

Lo que buscaban era aterrorizar, el parar, lo que pasa que siempre les salió mal porque siempre seguimos y seguimos luchando. Ellos venían de años y años de impunidad que yo creo que es lo que hemos contado todos aquí, o sea, con lo que más nos quedamos. La impunidad en la que se movían. Estaban absolutamente seguros de que no les iba a pasar nada.

Nosotros tuvimos suerte porque dentro del comando había un policía nacional y entonces, bueno, pues cantó y enseguida supimos lo que pasó con Yolanda, quiénes eran los asesinos. De hecho, nos costó mucho, porque le dejaban fuera, el conseguir la reapertura del sumario y que imputaran a David Martínez Loza, que era el responsable de seguridad de Fuerza Nueva, el brazo derecho de Blas Piñar.

Creemos que el haber conseguido imputarlo tuvo mucho que ver con la desaparición de Fuerza Nueva. Ya fue un poco el final de Fuerza Nueva. Pero no pensemos que por haber sabido desde el principio quiénes eran esto fue fácil. En absoluto. Fue tremendo. Fue un rosario de dolor, un calvario, porque primero luchar para que imputaran a David Martínez Loza, luego el principal asesino, Emilio Hellín, se fugó…

Se fue a Paraguay, se pasó años allí al calor del dictador Stroessner haciendo negocios, como gran empresario. Lo descubrió José Luis Morales, el periodista de *Interviú*. Quiero hacer un reconocimiento también al abogado que siempre hemos tenido, a Mariano Benítez de Lugo, un luchador incansable junto a la familia y a su partido, al PST, para toda la pelea legal, que ha sido tremenda.

Conseguimos extraditarle y ni cumplió una tercera parte de la pena de cárcel. No hubo agravante por la fuga, nada de nada. Una impunidad a nivel legal impresionante. Y encima es que en 2013 acabamos encontrándonoslo con el nombre cambiado. En vez de Emilio Hellín se llamaba José Enrique y lo descubrió también un periodista, José María Martínez de Irujo.

Qué grande la labor de la prensa, de los compañeros comprometidos, de la prensa también para acabar con toda esta impunidad y para hacer justicia. Pues resulta que estaba colaborando y dando cursos, clases, entrenamiento, porque es un experto, a todos los cuerpos de seguridad del Estado que se os ocurra: la Ertzaintza, los Mossos d'Esquadra, la Policía Municipal de Madrid, la Guardia Civil, la Policía Nacional, colaborando en procesos judicializados, ¡contrataban a un experto!

Ahí nos tocó de nuevo en 2013 volver a pelear, denunciarlo en todos los parlamentos, conseguir que le apartaran. Aun así, todavía acabó apareciendo hace poco en el caso Taula también como perito de la defensa. Impresionante los vasos comunicantes de este comando, y Emilio Hellín era un hombre de Estado, de los cuerpos de seguridad del Estado, siempre lo hemos sabido, siempre ha quedado claro.

Es otra de las cosas que demostró el caso Yolanda. Y eso que bueno, la investigación fue bochornosa, cantidad de cosas quedaron sin aclarar, como que había estaban conectados con un ordenador de un capitán de la Guardia Civil. Las armas desaparecieron para cuando fueron a registrar la academia que tenían, había desaparecido todo.

Yo creo que todos lo sabemos, y nuestras voces aquí hoy y todos los que estamos aquí, lo que seguimos denunciando es la impunidad, el papel de las fuerzas de seguridad del Estado y el dolor de las víctimas y el calvario que hemos tenido que sufrir para exigir una mínima justicia y reparación, que en muchos casos como los que se han expuesto hoy aquí y muchos otros que no están hoy aquí, sabemos que nunca llegó. Que esperemos que algún día llegue y por eso vamos a seguir luchando. Por eso estamos aquí.

Muchísimas gracias a todas y a todos.

Jaula y llave

Pelo largo, ojos grandes, mirada penetrante
Luchadora, militante, estudiante
En tu casa, indefensa, con engaños
en compañía de sicarios.
Absurdas preguntas sin presunción de inocencia.
Y golpes, siempre golpes
Y disparos, dos disparos
Un tercero para asegurar la muerte
Uno de los asesinos, con ayuda del juez,
huye con los honores de su hazaña
Una vida nueva, otro asesino impune
Es uno de los vuestros, el poder lo ampara
Quizá otros muertos a su espalda
No terminó el invierno.
Eternamente, Yolanda

J. A.

Vicente
Cuervo

10.
Febrero de 1980. Vallecas se moviliza contra los fascistas y Vicente Cuervo es asesinado

Diez días después de que Yolanda González fuera secuestrada y asesinada por miembros de Fuerza Nueva, esta misma organización fascista convocó un mitin en Vallecas, el mismo barrio donde estudiaba Yolanda.

El barrio se movilizó e impidió que los fascistas cumplieran su objetivo, mientras la Policía Nacional protegía y ayudaba a huir del barrio a semejantes provocadores. En estas circunstancias Vicente Cuervo recibió un disparo en el pecho y los asesinos lo remataron en el suelo, en la confluencia de las calles Carlos Martín Álvarez y Sierra Bermeja.

Vicente Cuervo, 21 años, trabajador de Telefunken y militante de la CNT, también participaba en la redacción de la revista *Ajoblanco*.

Sus hermanos y sobrinos siguen luchando por la justicia y el reconocimiento de su asesinato por los fascistas.

Se da la circunstancia de que tres personas de Vallecas fueron asesinadas por la policía y las bandas fascistas en la Transición: Ángel Almazán, Yolanda González y Vicente Cuervo.

Juan Carlos Cuervo
Hermano de Vicente Cuervo

Hola, buenos días a todos y a todas. Solo nueve días después del asesinato de Yolanda González, Fuerza Nueva, con Blas Piñar a la cabeza, fue a dar un mitin en Vallecas con la excusa de hacer un acto sindical de su extensión, la Fuerza Nacional del Trabajo (FNT). Vinieron a dar un mitin y el Gobierno Civil lógicamente lo desautorizó porque solo habían pasado nueve días de lo de Yolanda González, y seguía habiendo altercados en Vallecas.

La avenida de la Albufera estuvo tomada y había bastante revuelo en el barrio, y mi hermano, aunque llevaba unos meses ya viviendo fuera del barrio, en el barrio de Latina al lado del Rastro, acudió como vecino de Vallecas de toda la vida.

Llegó con sus amigos y con su novia, Paz León, a protestar por este mitin porque estaba desautorizado, como tantos vecinos del barrio. Blas Piñar acudió junto con sus seguidores a las inmediaciones del cine París, que era un sitio mítico en Vallecas en la calle Carlos Martín Álvarez y muy cerca de la avenida de San Diego. Lógicamente, se creó un cierto revuelo y hubo mucha gente del barrio protestando.

Se suceden los enfrentamientos entre los vecinos y los militantes de FN. Hay cargas policiales y mi hermano y su grupo salen corriendo, se meten entre coches, los seguidores de Fuerza Nueva les habían pegado con cadenas y palos. La novia se queda escondida, y él salió corriendo por la calle Carlos Martínez Álvarez, en dirección a Portazgo. A la altura de Sierra Bermeja, un individuo le alcanzó de alguna manera y le ejecutó allí mismo, en la esquina. Y sabemos que le ejecutó porque le entró un tiro por el hombro y le salió por la zona lumbar. Claramente fue un disparo cercano porque el proyectil entró y salió, fue realmente una ejecución.

Mi hermano fue trasladado a la Casa de Socorro primero, por vecinos, no por la policía municipal como dijo la prensa. La policía le trasladó desde la Casa de Socorro al Hospital, el famoso Francisco Franco y, justo en el camino, murió desangrado. Fue una ejecución en toda regla y todavía un crimen impune.

Impune. Así es. El sumario que hemos visto hace relativamente poco está intervenido y falta la mayor parte, solo hay 20 páginas de sumario. No está ni el informe balístico, ni informes de forenses, absolutamente nada. No pone nada relevante. Y encontramos el sumario porque, hace cuatro años aproximadamente, mi hijo Miguel quiso escribir un trabajo para su universidad sobre la violencia política en la Transición, centrándose en el caso de su tío Vicente.

El trabajo convertido en un gran estudio fue publicado en la revista *Nuestra Historia*, en su edición número 12 —disponible en revistanuestrahistoria.com/wp-content/uploads/2022/03/nh12_pp179-202.pdf—. Fue un artículo extenso y gracias a ello, de alguna manera, liberó mi conciencia que después de cuarenta años me impedía hablar del tema.

Un tema durísimo. Mi madre murió a los dos años. Muerta de dolor.

Mi padre no quería hablar del tema. De hecho, ellos fueron amenazados. Después de matar a un hijo, les amenazaban con llamadas telefónicas: «vamos a matar a los hijos que os quedan». Se trató de tapar por parte de la Administración de esta Transición que decimos modélica, llamando a mi padre diciéndole que darían trabajo a los tres hijos que quedábamos si no movíamos un dedo.

Mi padre por supuesto no lo aceptó, pero tuvo mucho miedo. Al entierro solamente pudieron acudir mi padre y mi tío, fueron escoltados por la policía. No querían que se volviera a repetir lo del entierro de Yolanda. De hecho, mi hermano era sindicalista de CNT, era anarquista y ningún partido grande lo respaldó, sobre todo porque los anarquistas estaban divididos. Acabada de ser la escisión a finales de 1979. Era una situación complicada. De hecho, le recordaron un mes después en un comunicado, ya pasado un tiempo.

Yo siempre he querido significar que mi hermano era anarquista, mi hermano llevaba una chapa con la A siempre, para reivindicar su posición política. Era sindicalista. Trabajaba en la fábrica de Telefunken, había estudiado en Embajadores y seguramente estuvo en la manifestación de Embajadores donde murieron Emilio Martínez Menéndez y José Luis Montañés Gil.

Él había estado en muchas manifestaciones contra el fascismo. Murió por la libertad y la democracia de este país. De manera casual, y justo cuando mi hijo escribió el estudio, conocí a Pablo Mayoral y a nuestro querido Manuel Ruiz. Y ellos, que fueron el germen del COT, quisieron contar conmigo y luego posteriormente con Javier Almazán, con Matías Viotti, para crearlo.

Y creamos el COT. Este Colectivo por los Olvidados de la Transición que ha sido tan importante. No solamente porque estamos aquí hoy por la memoria de nuestros familiares y amigos, por compañeros y compañeras, sino porque el COT está luchando constantemente para que no nos olvidemos de ellos. Y aquí me gustaría destacar la figura de Manuel, por su fuerza, su tesón y su gran humanidad.

Manuel ha sido impresionante, una persona impresionante. Yo me siento muy identificado con él. Porque mi trayectoria ha sido parecida, como que yo he ido haciendo un poco los mismos pasos que él. La verdad es que después del trabajo de mi hijo, yo empecé a luchar por la verdad, pedí toda la documentación posible de mi hermano, conseguimos el sumario, conseguimos las primeras diligencias policiales, conseguimos… a ver, esto es un crimen impune…

Es imposible saber quién fue. No hay absolutamente nada. Lo que podría estar, alguien lo quitó de ahí. Podían haber hecho desaparecer el sumario completo, como tantos otros. Pero no, quitaron lo importante. Ese sumario se hizo de oficio. Mis padres nunca llegaron a denunciarlo. El 11 de diciembre de 2023 yo puse una denuncia por el honor de mi familia en la Audiencia Nacional.

En 2023 también, antes, en febrero, mi hermano fue declarado víctima del terrorismo y recibimos la Gran Cruz. Hemos estado luchando por ello. Sigo luchando por conseguir la verdad, ahora con otro hermano mío y por lo que yo estoy muy contento. Vamos a conseguir también el reconocimiento de la Comunidad de Madrid. Hemos conseguido que el Ayuntamiento de Madrid nos conceda una placa donde fue el asesinato, como cualquier acto terrorista.

Esto es un crimen impune y justicia… no vamos a conseguir. Aunque hay una denuncia ahora, ese crimen ha prescrito y seguramente habrá un auto en el que se desestime la causa, el juez de la Audiencia Nacional cerrará el caso. Pero por honor hemos puesto esa denuncia por el asesinato de Vicente. Si se puede investigar o no, justicia no vamos a conseguir, pero memoria gracias al COT, gracias a Manuel, sí que estamos consiguiendo y para eso estamos aquí, por la memoria de todos los asesinados en la Transición.

Por la memoria de Vicente.

Gracias.

Vallecas

Barrio de barro,
lucha en los márgenes
Obreros unidos, estudiantes,
No os regalaron nada,
No os robaron la esperanza,
Todo estaba por conseguir.
Llegan aquellos que no pisaron estas calles,
bien vestidos, afeitados, comulgados,
provocadores armados,
Arrogantes, altaneros, insultáis nuestras casas
La camada negra, el orden a la fuerza.
Venís, mandáis silencio y obediencia.
No se callaron, se enfrentaron
por la dignidad de los vecinos, por la de todos.
Alguien os persigue pistola en mano,
ya no hay marcha atrás.
Rayos de humo descargan la muerte,
otra vez por la espalda,
Una víctima renquea,
callejón sin salida,
el verdugo le sigue, le remata.
Más invierno Vicente Cuervo

J. A.

Juan
Mañas

Luis
Montero

Luis
Cobo

11.
Almería. La Guardia Civil tortura, ametralla y quema a Juan Mañas, Luis Cobo y Luis Montero

Mayo de 1981. Una decena de Guardias Civiles al mando del teniente coronel Carlos Castillo Quero, detienen a Juan Mañas, Luis Cobo y Luis Montero y los torturan hasta la muerte fuera de las dependencias policiales.

Para encubrir estos horribles crímenes escenificaron una burda patraña en la que, fingiendo una fuga, ametrallaron los cuerpos de los tres jóvenes, ya muertos y desmembrados, y les prendieron fuego.

Solo la valiente y decidida perseverancia del abogado de la familia Mañas, Darío Fernández Álvarez, pudo esclarecer los hechos. Así lo relató:

> Me jugué la vida. Todo fue una mentira bufa orquestada por la Guardia Civil Hay que sobreponerse a ese trauma, estaba todo dirigido a la impunidad. El poder de la Guardia Civil, el circuito de jueces, fiscales, todo apuntaba a que fuese al archivo. Fue una lucha verdaderamente titánica. Hasta el punto de que yo tuve que comprar una casa-cueva porque me pusieron explosivos en el coche, en casa y en la comunidad donde yo vivía, y ahí estuve recluido más de un año.

Francisco Mañas
Hermano de Juan Mañas

Buenos días a todos y a todas. Gracias por asistir a estas jornadas que pienso que son importantísimas, en la que hay un denominador común que nos une, que es la impunidad y la violencia policial.

Es curioso, voy a hacer una reflexión. No sé si la hizo alguna persona. Tuve la suerte de compartir con Manuel Ruiz en la Universidad de Cádiz unos cursos de verano para estudiantes de historia. Y la gente quedó muy contenta por esa forma de ver ese curso, porque decían que no es lo mismo la historia contada a través de alguien ajeno a ella, a través de un libro, de otra persona, a que la cuenten los familiares directamente.

Y creo que ha quedado claro hoy, después de escuchar todos los testimonios que hemos escuchado aquí, que recobra mucho más protagonismo y creo que impacta mucho más la historia contada por los familiares o por los que la vivieron directamente.

Bueno, pues dicho esto, yo era un niño con ocho años que hacía la primera comunión. Mi hermano Juan salió de Almería, se fue a hacer servicio militar a Madrid, de Madrid fue a Santander a trabajar.

El contexto de la historia mía es diferente al resto, pero el resultado es el mismo. Juan estaba ahí trabajando, tenía que venir a mi primera comunión. Él trabajaba en FEVE. Es una empresa de ferrocarril en Santander y no le daban permiso para venir en tren. Unos amigos decidieron acompañarle en coche hasta Almería para asistir a mi primera comunión.

Con la mala suerte de que bueno, pues en ese viaje tuvieron un problema con el coche. Ellos salieron el jueves 7 de mayo de Santander, pasaron noche en Madrid. En esa fecha hubo un atentado terrorista en Madrid contra el general Valenzuela, en el que murieron algunos militares, no el general, pero sí los militares que iban acompañándole, escoltándolo y bueno, pues ellos, ajenos a todo eso, pasaron noche.

Continuaron su viaje y la mala suerte que, en El Provencio, un pueblo de Cuenca, se les averió el coche. 43 años después pues la vida ha cambiado. Hoy se te avería un coche, tenemos teléfono móvil, llamas a la grúa, te pone un taxi, un coche de alquiler y solucionado. En cuestión de una hora queda solucionado. En aquellos tiempos, en el año 1981, era un gran problema para continuar el viaje.

No había grúa, no había los seguros que hoy día, tuvieron que empezar a buscar medios de transporte para continuar su viaje hasta Almería. Empezaron a preguntar. El mecánico los llevó a la estación de Manzanares. Allí les atendieron, les dijeron que no había billete de tren para Almería. Les informaron de que había una casa de alquiler de coches, que también era difícil en un sitio como Manzanares en el año 81.

Y bueno, pues consiguieron pillar un tren, llegar hasta Manzanares desde El Provencio. Ocurrió una cosa que es lo que desencadenó este tema. Una persona, uno de los taxistas que había en la estación, mientras preguntaban qué tren iba para Almería, pues uno de los taxistas había visto en el periódico la foto de los tres presuntos etarras que habían participado en el atentado del general Valenzuela, y pensó que eran ellos. Dice: «estos son los tres chicos que iban para Almería, son los tres etarras directamente» e informó a la Guardia Civil. Yo siempre he condenado a esta persona, le he tenido mucho odio, pero al final, con el paso de los años, analizas que él no fue el culpable directo. Él hizo un acto de informar, un chivato, pero bueno, informó.

El problema viene después con la Guardia Civil, pues automáticamente la Guardia Civil se presentó a la agencia de alquiler de coches. La mujer quedó impresionada porque dijo: «pero bueno, qué pasa, aquí han venido tres chicos les he alquilado un coche, qué problema es el que hay». Y le dijeron: «señora, son etarras», «pero no puede ser, son buena gente». En fin.

Vale, pues la Guardia Civil empezó la búsqueda. La mujer de la empresa de alquiler les dio los datos de todos. Ella tenía ya esa información con los DNI de todos y les informó del vehículo en el que iban. Automáticamente la Guardia Civil de Manzanares se puso en contacto con la de Almería, informó de que los tres terroristas iban en un Ford Fiesta verde.

Vale, pues empezó la búsqueda en Almería. Juan con sus dos amigos, Luis Cobo y Luis Montero, llegaron a mi casa, en un pueblo de Almería, el viernes por la noche, viernes 8 de mayo por la noche sobre la una de la madrugada aproximadamente. Cenaron, vieron a mi madre. En fin, durmieron y tal.

El sábado, Juan les fue a enseñar Almería a sus amigos. Sábado por la mañana volvieron a casa, ellos ajenos a todo lo que les iba a ocurrir. Llegaron a casa, comieron al mediodía con mis padres y Juan siguió enseñándoles parte de Almería por la tarde. En Roquetas de Mar estaban comprando sobre las 21:00 de la noche en una tienda de *souvenirs* algunos regalos.

Al salir de la tienda les dio el alto un comando de la Guardia Civil y les dijeron que estaban detenidos. Ellos preguntaron, no pasa nada. Bueno, les sacaron pistolas del coche... ¡mentira! y se los llevaron. Se los llevaron a la Comandancia de Almería y allí empezó el interrogatorio. El interrogatorio, sin aplicar la ley vigente antiterrorista, sin nada por escrito.

Los interrogaron a cada uno en habitaciones separadas, al teniente coronel Carlos Castillo Quero le daban en una cuartilla, en un folio, la respuesta de cada uno y como no le interesaba, pues cogía, rompía ese papel. No eran los terroristas que ellos estaban buscando, pero les daba lo mismo.

Ellos sabían ya previamente desde que les informaron en Manzanares, pues habían estado buscando información, incluso en Santander, y sabían que eran inocentes, sabían que no eran terroristas. Pues bueno, se los llevaron esa noche, esa noche del 9 de mayo, los detuvieron los interrogaron, los torturaron salvajemente hasta desmembrarlos, hasta la muerte, los tirotearon y posteriormente, para no dejar huellas, los llevaron en el coche Ford Fiesta de dos puertas.

Lo metieron a los tres en la parte trasera del vehículo, despeñaron el coche por un barranco, la emprendieron a tiros, compraron gasolina con el dinero de las víctimas, tuvieron hasta esa poca vergüenza. Con varias latas de gasolina rociaron el coche, la emprendieron a tiros y lo quemaron. Allí se encontraron unos 160 casquillos de bala donde estaba el coche ya quemado.

Así se habría acabado todo. Eso para la Guardia Civil, pues era uno de los casos más de la Transición. Para ellos eso iba a quedar impune. Habían matado a tres terroristas, se cuelgan su medalla y ya está. Luego aquí está el tema de la prensa. La prensa siempre se ha dicho que, y no me gusta escuchar esa palabra… han sido confundidos.

No, no, no, no. No han sido confundidos. Lo primero que, aunque hubiesen sido etarras no hay derecho a quitarles la vida, a tomarte la justicia por tu mano. Para eso hay una ley. Y lo segundo, que sabían que eran inocentes. Que no hubo ninguna confusión, sabían perfectamente lo que estaban haciendo.

Ellos no se presentaron en casa el sábado por la noche, mis padres con los preparativos de la fiesta de comunión, que no es como hoy día, se celebraba en un local con cuatro bocadillos, unas fantas y unas cervezas. Pues nada, ellos se acostaron a dormir y el domingo por la mañana yo me despierto con las ganas de cualquier niño de hacer la primera comunión.

Mi madre me dice «no hagas ruido». A las 07:30, «no hagas ruido que vas a despertar a tu hermano y a sus amigos». Digo: «cómo los voy a despertar si no están en casa». Claro, mi madre sabía que mi hermano no era una persona de irse de fiesta de discoteca y más a lo que había venido. Sabía que era una persona muy responsable y sus amigos también. Pues automáticamente mi padre y mi hermano y algunos amigos del pueblo se fueron a buscarlos por Almería, por el hospital que había, la Policía Local, la Guardia Civil, la Comandancia de la Guardia Civil...

Y no había ninguna información. Mi padre volvió por segunda vez a la Guardia Civil. «Mira que no encontramos nada en hospitales, ni policía local, ni Policía Nacional». No dan ninguna información y le dice el guardia civil: «señor, a ver si cree usted que tenemos aquí a su hijo y a sus amigos para comérnoslos». Esa fue la segunda respuesta de la Guardia Civil.

Hasta las dos de la tarde del domingo 10 de mayo no se sabía nada, hasta que dan un parte en televisión de que tres terroristas habían aparecido calcinados en el interior de un vehículo, en un barranco, en una carretera en Almería. Estaba claro que mi padre ya sabía lo que era. Estaba claro. Bueno, pues yo en esos días, como un niño, me apartaron de casa, me llevaron a otro sitio.

Y a mi madre le dijeron que solo le enviarían el cuerpo, que le enviarían el ataúd con el cuerpo si prometía no abrirlo, si prometía no abrir el ataúd. Mi madre, pues no tenía otra opción, aceptó. Se celebró el entierro, con mucha gente apoyando, con pancartas, pidiendo justicia, solidaridad, en fin, lo típico de aquellos momentos, por los tiempos que se vivían.

Pues nada, empezó la labor ahora de buscar un abogado. Ningún abogado se quería ofrecer para llevar este caso. Los tiempos que eran muy complicados y ninguno quería cogerlo. Tuvimos la suerte de encontrar a Darío Fernández Álvarez, fallecido en 2021, y este hombre se hizo cargo. Empezó una labor de investigación, todo eran problemas, hasta le pusieron una bomba en el coche. La suerte de que unos vecinos del edificio donde vivía le alertaron y pudieron desactivarla. Estuvo muy amenazado y perseguido por la Guardia Civil. Incluso algunos de mis hermanos también eran perseguidos por la Guardia Civil, porque claro, hay que entender que todos los que estamos aquí hoy para el Estado somos un problema. El Estado no quiere escuchar esto.

De hecho, allí al fondo tendría que haber cámaras de las principales cadenas de televisión, para dar voz a todos los que estamos aquí. Pero eso no, eso no interesa.

Quedaba la labor de unos padres, tanto de mi padre como los padres de los otros chicos, de buscar justicia. El abogado nos dijo que no iba a ser fácil. Bueno, pues el juicio, un juicio en el que necesitaba una larga investigación, se quiso que fuese rápido. No duró ni siquiera un año la investigación, puesto que el abogado no pudo trabajar más, porque una de las versiones oficiales es que los tres jóvenes iban en el asiento trasero del Ford Fiesta, iban vivos, la Guardia Civil los llevaban a Madrid y se abalanzaron sobre el conductor y el acompañante que iba en el coche. Se abalanzaron sobre ellos. Ellos tuvieron que saltar del vehículo y el vehículo perdió el control al quedarse sin conductor y cayó por el barranco. Esa era la versión oficial, insistida una y otra vez. Participaron once guardias civiles, once guardias civiles.

Ninguno tuvo la dignidad de decir: «yo no hago esto». Todos cumplieron órdenes, ya que por eso yo, bueno, he dicho que es un cuerpo de fuerza de seguridad del Estado. Yo estoy en contra de la institución que arropó y dio cobertura a estos asesinos. Como lo han hecho en todos los casos que estamos aquí, tanto el Estado como las propias instituciones. Se celebró el juicio y de los once solo condenaron a tres, a 24, 15 y 12 años; 24 años es el máximo.

Son ocho años por cada una de las víctimas. En el juicio se habló de homicidio, no de asesinato. Hasta ahí pudo llegar el abogado, es vergonzoso. No se reconoce nada de torturas. Si tú lees la sentencia, yo la tengo. La sentencia describe los informes forenses que estuvieron comprados y pagados por la Guardia Civil. Porque de hecho hubo que hacer una segunda autopsia.

Hubo que sacar los cuerpos de la tumba en la que estaban y volver a hacer una segunda autopsia, que la pidió el abogado, y si lees los informes forenses, lo que dice: le faltaban trozos de carne, los cuerpos estaban desmembrados. Pero dice que no hay signos de violencia ni de tortura. Curioso. A mí que me lo expliquen.

Algo paradójico, bueno, pues nada, se dictaron las condenas. No cumplieron las condenas en su totalidad. Tuvieron unos privilegios en la cárcel que ya hubiésemos querido vivir los que no estábamos en la cárcel, la gente normal. Cuando salieron, como se habían portado bien, pues les daban dinero de los fondos reservados del Estado y ellos lo cogieron, claro, si se lo dieron pues bueno, eso salió en prensa.

A lo largo de todos estos años, cuarenta y tantos años después, como todos los que estáis aquí, hemos seguido reivindicando justicia, porque el caso Almería, al igual que en otros casos, no hay una verdad, no hay una verdad oficial.

Hay una película que se llama *El caso Almería* y os invito a verla. Estará en las plataformas de redes sociales, pero no se ven signos de tortura, porque claro, nosotros comentamos con el director que ya falleció, Pedro Costa, que por qué no salía eso. El hombre nos dijo es que no hay una sentencia en la que se diga que hay tortura. Yo no puedo poner eso porque vamos, con la censura y no es legal. No es legal poner eso en una película cuando la sentencia no se dice nada.

Llevamos luchando todos estos años porque alguno de los guardias civiles que quedaron totalmente impunes, hable y cuente la verdad, aunque ya por prescripción no se les pueda condenar. Pero son tan cobardes, tan cobardes, que a día de hoy siguen guardando silencio.

Pedimos en dos ocasiones, en el año 2005, 2006, creo recordar, o año 2000, que se le reconociera como víctima de terrorismo, no se le ha reconocido. El Estado decía que tenía que ser víctima de una banda terrorista organizada. Y digo y la diferencia entre una banda terrorista organizada… más organizada está la que lo ha hecho, está bien organizada, la institución.

Bueno, pues esa es la alegación que tienen. Nunca hubo ninguna disculpa oficial. El rey. El rey emérito estuvo en el entierro de los militares que murieron en el atentado. Me parece bien. Pero para los del caso Almería no fue. Lo mismo estaba con alguna de las amantes, no lo sé. Dónde estaría el rey, no tendría tiempo.

Y nunca hubo una disculpa oficial por parte del Estado. Nunca hasta el año 2023 en que la exdirectora de la Guardia Civil, a través de un acto institucional en Almería, pidió disculpas oficialmente. Pidió disculpas, pero bueno, las disculpas están bien, está bien que lo haga el Estado, pero queremos más, queremos justicia, o ya más que justicia, porque sabemos que no la va a haber, más que justicia queremos que haya una verdad. Que los cadáveres, que las víctimas, que todo esto no quede impune, que haya una verdad y se sepa lo que hizo la Guardia Civil realmente. Y aquí estamos con esta lucha.

Tuve la mala suerte de perder a mi hermano, pero bueno, he tenido la suerte a lo largo de mi vida de conocer a gente maravillosa como los miembros del COT, los compañeros del COT, la suerte de conocer a Manuel, que es el que me puso en contacto con ellos.

Y bueno, pues aquí seguimos. Seguimos dando voz a nuestras víctimas para que la gente lo sepa, porque es curioso que estos casos no los conoce la gente. Yo hablo con muchísima gente porque viajo, hablo con muchísima gente y lo comento y no los conoce nadie. No es menos importante y también injusto, pero si nombras el caso, por ejemplo, de Miguel Ángel Blanco lo conoce todo el mundo y está bien…

Porque al chico lo que le pasó fue terrible también, pero ¿por qué esos casos tienen repercusión mediática y se hace eco la sociedad y estos casos no? ¿Por qué aquí se calla? Así que bueno, que seguimos luchando, seguiremos luchando mientras podamos. Hay una cosa que quiero añadir.

Y por qué digo que el Estado no nos quiere. Hace poco, en mayo, tuve la suerte, entre comillas, de que me recibiera la ministra de Defensa Margarita Robles, en una visita informal. Pues yo le expliqué allí lo que reivindico. A ver si ella puede hacer algo para pedir a los guardias civiles que quedan vivos que cuenten la verdad, que nos ayude a ver si ella busca alguna forma de ayudarnos. Y sí que buscó una forma: invitarnos a pasar página.

Esas fueron las palabras de la señora ministra. Yo le dije: «señora ministra, mientras yo viva y mis familiares, no vamos a pasar página, vamos a seguir luchando».

Doy las gracias una vez más a los compañeros del COT y a todos los que han permitido que este acto se haga. A que este acto se repita. Para que los familiares de las víctimas pongamos voz directa y que la gente lo sepa. Y para que no haya más casos como los que han pasado y haya justicia, reparación y verdad.

Muchas gracias.

Tránsito

Largo viaje, de norte a sur,
celebración, comunión.
Amigos pacíficos, alegría.
paisaje de mar, familia.
Fundido a negro.
Gusanos de uniforme los secuestran,
oscura cárcel sin barrotes,
golpes y más golpes,
los torturan. Confesad, confesad, malditos,
Decidnos lo que queremos oír.
¿Son inocentes? ¡Son inocentes!
Demasiado tarde,
no puede haber testigos,
han visto la cara animal,
sentido el sadismo que inunda vuestra mente.
Hay que acabar con los moribundos, sin rastro, sin pruebas.
Fuego, hondonada del olvido.
Primavera asesinada,
Juan, también para tus amigos, los dos se llamaban Luis.

J. A.

Mensajes recibidos por vídeo

Durante el trascurso de los testimonios proyectamos tres vídeos de familiares de víctimas.

José Antonio del Valle

Hola, buenas tardes. Soy José Antonio del Valle, hermano de Teófilo, vilmente asesinado por las fuerzas represoras franquistas el 24 de febrero de 1976. Para mí es difícil volver a recordar la muerte de mi hermano. Una persona con 20 años, con una vida por delante, con ansias de libertad.

Fue truncada su vida y, un día después del asesinato, apareció en un panfleto del Gobierno Civil diciendo que Teófilo había muerto en un enfrentamiento con las fuerzas del orden… tremendo. Posteriormente el juicio donde declararon inocente al policía por estar cumpliendo su deber… tremendo.

Quiero agradecer sobre todo a Manuel de Juan por la investigación que llevó a cabo. Y ahí, pues, se conoce exactamente la verdad y el saber la verdad no es un consuelo, pero te libera.

Otras personas a lo mejor no saben la verdad. Y agradezco también a todas las asociaciones que están luchando, peleando, por reivindicar la muerte de todas esas personas de la Transición. Que nos hicieron vender como algo idílico y para muchas familias no fue nada idílico. Fue una tragedia para muchas familias. Y el Estado no ha reconocido ni el mal que hizo a esas familias, ni el buen nombre de esas personas que asesinaron.

Y gracias a las asociaciones que se están moviendo, como ustedes, como otro grupo de Valencia y se supone que en otros sitios también hay. Pues se busca reivindicar la memoria democrática de esas personas. Simplemente dar las gracias a todos los que peleáis. Porque se sepa la verdad, que la verdad nos hará libres. Yo sentí una liberación cuando supe la verdad.

Aunque no ha habido una compensación y no ha habido un reconocimiento del Estado, que no ha estado con las víctimas, ha estado con los verdugos. Bueno, no tengo más que decir. Muchas gracias.

Alejandro Ruiz Huertas

Buenos días a todos y a todas. Estos días os reunís en Madrid. Y siento no poder estar con vosotros para recordar a Arturo Ruiz, que fue asesinado por las bandas fascistas en aquellos años duros de la Transición, 1977. De esa Transición tan denostada y tan querida. Arturo murió junto a la plaza de Soledad Torres Acosta, donde el Ayuntamiento colocó hace unos años una placa en su recuerdo.

Recuerdo que también alcanza a su hermano, a nuestro querido Manuel. Manuel murió justo estos días, hace un año, sin haber podido conseguir su objetivo, que era llevar a la justicia los asesinos de su hermano. Y con esa idea tenemos que seguir adelante. Nos va en ello la dignidad del ser humano, que es y era la clave de la memoria democrática: trabajar, luchar por la dignidad de todo ser humano.

Desde el recuerdo de Manuel y de Arturo. Por la libertad. Por la justicia. Por la reparación. Siempre. Muchas Gracias.

Marc Muñoz

Gracias por cederme la palabra en estas jornadas. Me presentaré. Soy Marc Muñoz, uno de los hermanos de Gustavo Muñoz, asesinado por miembros de la Brigada Central de Información en la manifestación de la Diada Nacional de Catalunya en Barcelona, en el 78.

Su cuerpo entró en Pere Camps con un agujero de bala por la espalda y salió con dos agujeros, sin la bala, sin la camisa y sin la documentación.

Después de archivar la causa en el 82 sin procesar a nadie, de las diligencias que se llevaron a cabo a raíz de la denuncia presentada por nuestros padres, empezamos en casa lo que hemos llamado el combate de la memoria, que lleva implícito la exigencia de justicia, la detención y posterior juicio de los asesinos, así como de los inductores.

Tras la muerte del dictador, las elites fascistas del franquismo, con la Corona a la cabeza, y con alguna ayuda exterior, pusieron en marcha el plan para perpetuarse en el poder y no rendir cuentas por todos sus crímenes.

Toda aquella disidencia política que estuviera por la ruptura fue objeto de la violencia estatal y eso se llama terrorismo de Estado. Los familiares de las víctimas buscan justicia en Argentina hoy. En la Argentina de Milei, que está intentando cerrar la querella, y estos días se está revisando en casación la desimputación de Martín Villa. A ver que será. Nosotros exigimos derogar la amnistía del 77, así como la abdicación de la Corona por su papel en la represión, y la reforma de la Ley de Memoria Histórica, que no es más que una nueva ley de punto final ya que no permite juzgar a nadie.

Ante este panorama, nosotros los familiares, perseverancia. Aquí seguimos. Y una cosa más, animaros a realizar más actos o jornadas como esta por todo el país. Solo así conseguiremos revertir el relato oficial de la Transición. Gracias y seguimos.

Camisa blanca

Día de fiesta, de banderas y consignas.
Jóvenes arropados de inocencia, un poco más valientes que
*   ayer, ocupan su lugar.*
Alguien se alarma, son demasiados. Ratas de paisano,
*   infiltrados, llaman a sus aliados.*
¡Pónganse a salvo!
Llueve humo, huele a plástico.
Ganen tiempo, impidan el avance, la calle arde, enredo y
*   miedo.*
Resistentes, se reúnen y dispersan.
Allí, ¡mira!, una camisa blanca,
una lámpara encendida ahora perseguida.
La señal, es la diana, se escapa, dispara, dispara, dispara.
Ya lo tienes, agujeros en su espalda.
Uniformes, batas blancas, rebuscan entre la sangre las
*   balas.*
Ocultar la cobardía, sobre el papel… un borrón para olvidar
*   aquel día.*
Pongamos Gustau, en acabar l'estiu.

J. A.

Colofón de los testimonios a cargo de Pablo Mayoral

Deciros que también hemos estado contactando con algunos otros compañeros. Fermín Rodríguez, hermano de Germán Rodríguez, que asesinaron en Sanfermines del 78, que no podía venir porque tiene un proceso de enfermedad bastante importante. También con amigos de Manuel García Caparrós, asesinado en Málaga en diciembre del 77; con familiares de Francisco Egea, asesinado en Cartagena en febrero del 77, y con la sobrina de Agustín Rueda, asesinado también por torturas en la cárcel de Carabanchel en 1978.

Nada más. Este es un acto en el que hemos querido manifestar los hechos en sí, como fueron y que, como hemos estado viendo, tienen muchos denominadores comunes. Yo decía al principio que este acto no es la culminación de nada, que queremos que sea el principio de actos y cuestiones más importantes.

Nuestro objetivo, nuestra ilusión, sería que los familiares y los amigos de las 270 o las 300 personas asesinadas pudieran contar la verdad de lo sucedido, que pudieran dar su testimonio y que con estos relatos podamos construir el verdadero relato de la Transición, el verdadero relato de la Transición sangrienta. Nuestro colectivo, no es el Colectivo DE los Olvidados de la Transición, aunque están muchos de ellos, nuestro Colectivo es POR los Olvidados de la Transición.

Y queremos con este acto comprometernos a tomar contacto con otras asociaciones, con otras organizaciones que también llevan mucho tiempo luchando por sus familiares y por sus amigos. Y emprender, este camino tan importante, este camino tan bonito de la memoria y exigir la justicia para todos ellos.

Muchas gracias.

LA TRANSICIÓN SANGRIENTA

26 Y 27 DE OCTUBRE

En el Espacio Rosa Luxemburgo | Calle Hermanos del Moral 33. Metro Urgel

26 OCT | 10H

Hablan los familiares de las víctimas

Mesa redonda y debate con familiares de las víctimas de la represión policial y de las bandas fascistas.

26 OCT | 12H

La dictadura murió en la calle

Debate con Antonio García Sinde, Manuel Blanco Chivite y Luis Fernández sobre la lucha de clases en los años 70. Modera Coral Latorre.

26 OCT | 16H

Trabajadoras contra el franquismo

Debate con Pilar Navarro, Bárbara Areal y Carmen Turrero. Modera Olga Gutiérrez.

26 OCT | 18H

Policías, jueces y fascistas

Presentación de los libros *La DGS, el palacio del terror franquista*, de Pablo Alcántara, y *La sombra de Franco en la Transición*, de Alfredo Grimaldos. Con Pablo Mayoral y Rafael Gómez Parra.

26 OCT | 20H

Música y poesía

Bernardo Fuster y Luis Mendo • Salvador Amor • Carlos Olaya • Víctor Taibo.

27 OCT | 11H

Proyección de la película

"Las armas no borrarán tu sonrisa"

Coloquio con Adolfo Dufour, Javier Almazán y Olga Gutiérrez.

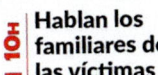

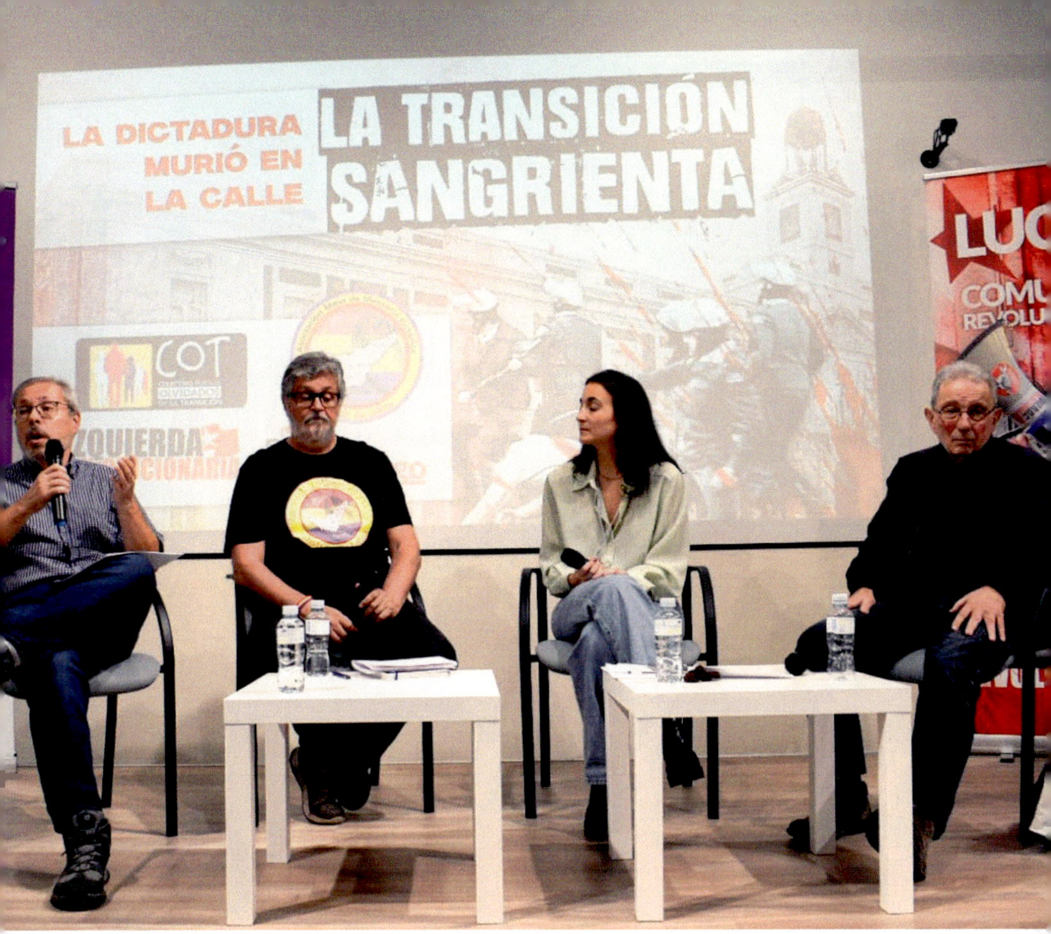
LA DICTADURA
MURIÓ EN
LA CALLE
LA TRANSICIÓN
SANGRIENTA
COT
OLVIDADOS

Asociación Mesa de Memoria Histórica
Distrito de Latina

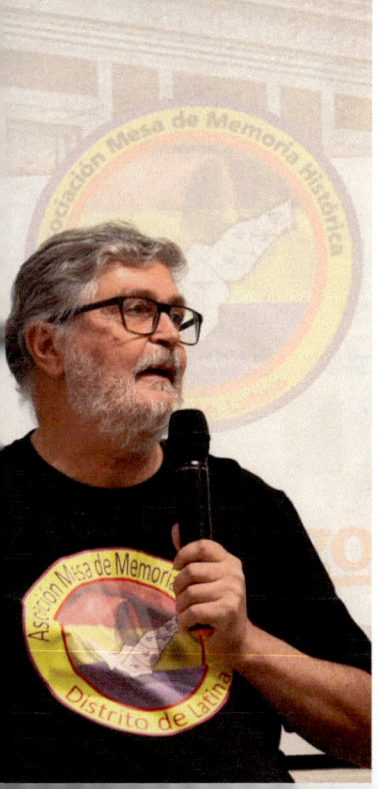

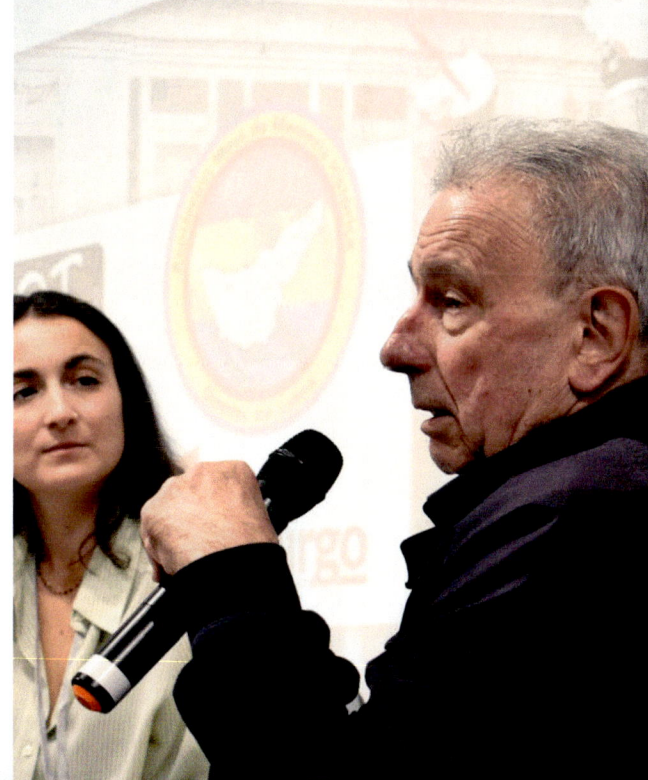

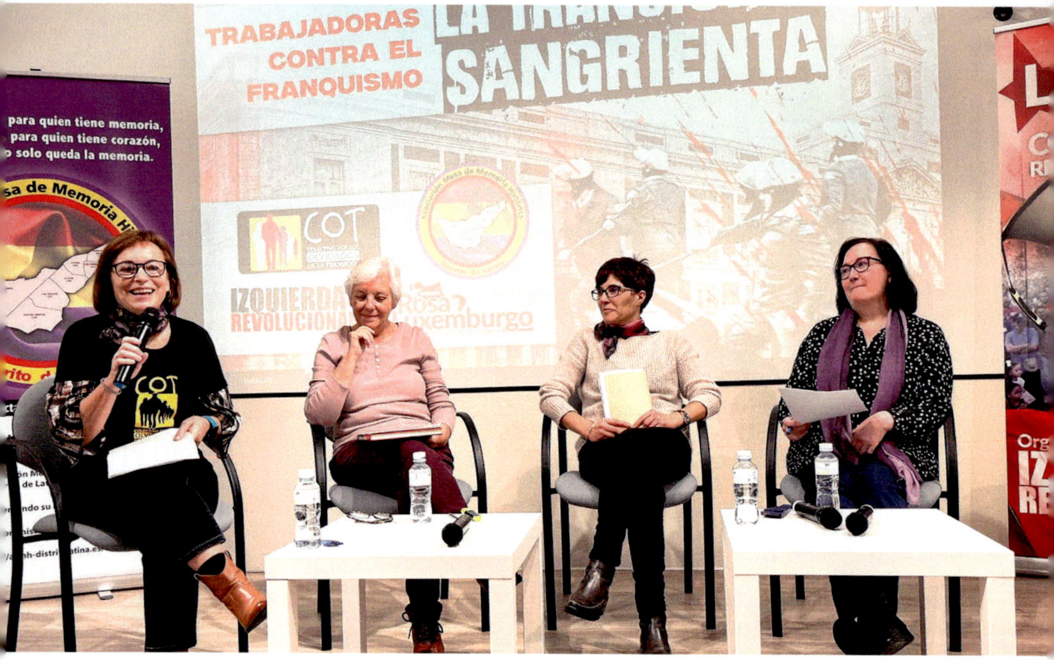
TRABAJADORAS
CONTRA EL
FRANQUISMO
SANGRIENTA
para quien tiene memoria,
para quien tiene corazón,
solo queda la memoria.
COT
Rosa Luxemburgo

de Latina

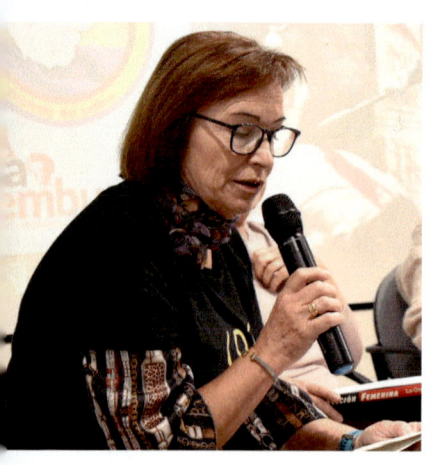

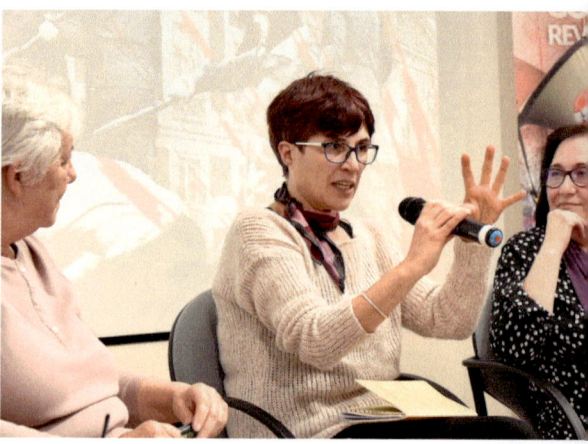

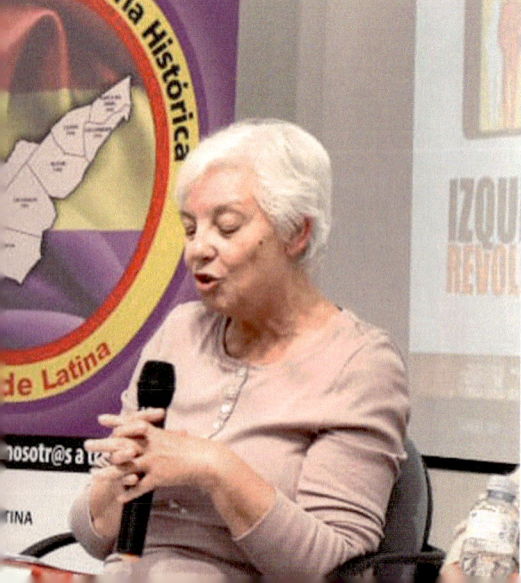

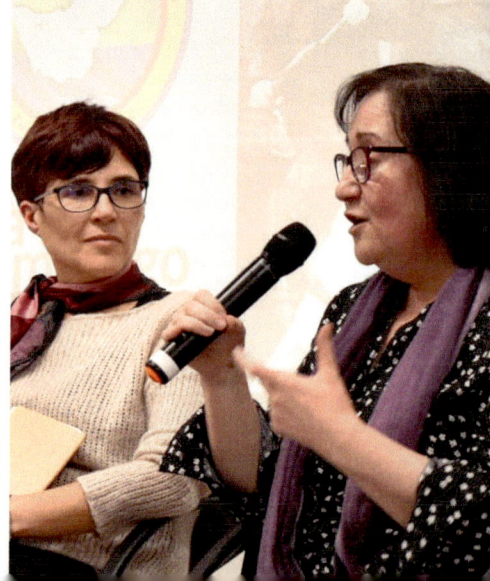

COT
OLVIDADOS
IZQUIERDA
REVOLUCIONARIA
Histórica

DGS

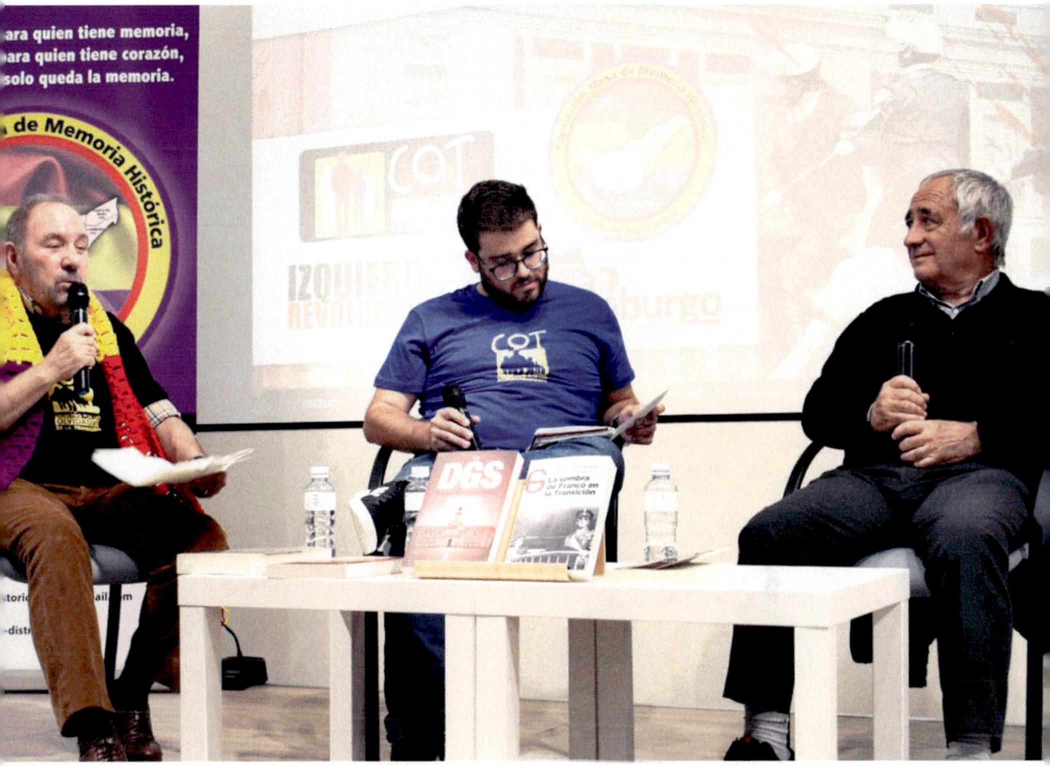
ara quien tiene memoria,
ara quien tiene corazón,
solo queda la memoria.
de Memoria Histórica
COT
DGS
La sombra de Franco en la Transición

IZQUIERDA

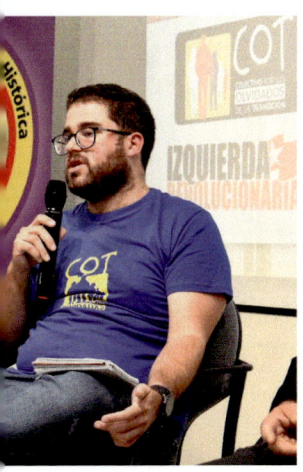

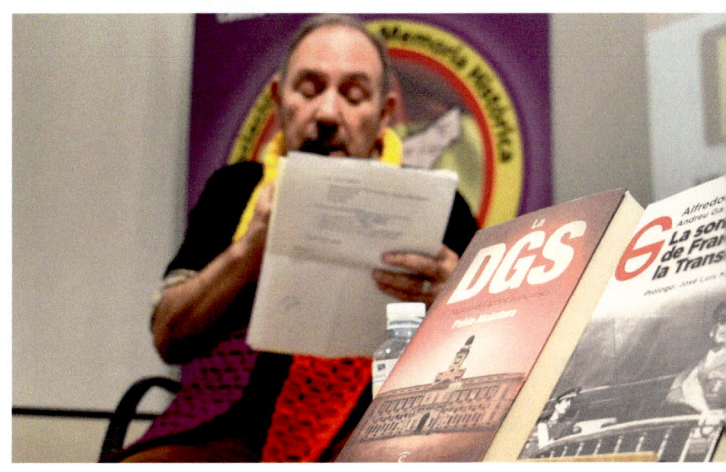

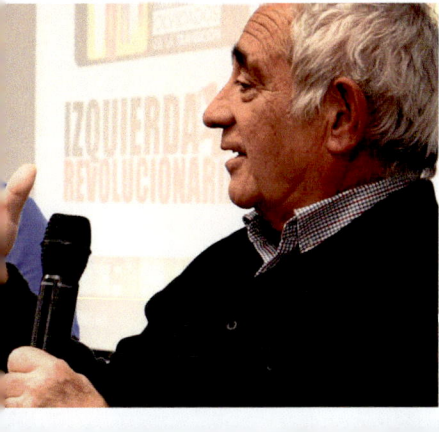

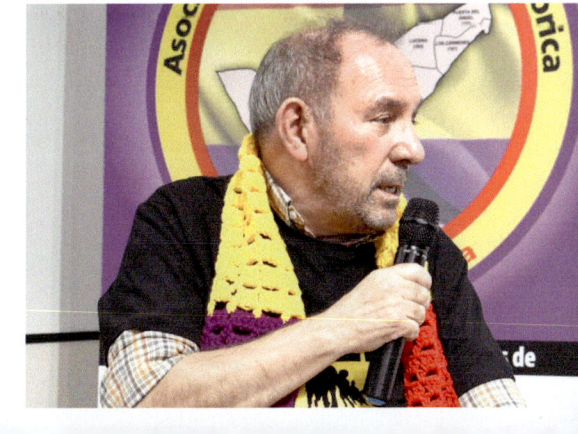

Tributo a Manuel Ruiz

Manuel Ruiz, luchador y amigo

Luis Suárez-Carreño
Diciembre de 2023

No escribo esto como si pagara una deuda, aunque en cierto modo si no lo hiciera me sentiría en deuda. Decir las cuatro cosas sobre Manuel que se me han quedado dentro tras su muerte: lo siento como una necesidad casi fisiológica tras ese hecho mal digerido, tal vez también como sortilegio para conjurar, o mitigar, la pérdida. Una humilde elegía en prosa, un pequeño tributo a Manuel que quiero compartir con quienes también le conocisteis.

Nos conocimos no hace tanto, pues Manuel llegó tarde al movimiento memorialista, tarde, en relación a la eclosión de este, hacia 2010, por poner una fecha. En un movimiento bastante cerrado y atomizado, Manuel se hizo enseguida con una buena composición de lugar que le permitió navegar con tanta soltura que cualquiera diría que fuese su medio natural. Una mezcla de agudeza, desparpajo y sicología empírica le permitieron posicionarse en este universo y radiografiar las entrañas de cada colectivo y cada personaje que lo pueblan. Con su espíritu independiente y una sorprendente capacidad para relacionarse hasta con el diablo, estableció contacto personal y un vínculo de confianza con la mayoría de gente activa en este universo.

Manuel traía un objetivo vital pendiente desde su juventud: la justicia por su hermano menor Arturo, cuyos asesinos fascistas habían sido protegidos por el Estado posfranquista de los años de la Transición. Al jubilarse de manera anticipada de un trabajo que creo había disfrutado durante muchos años, Manuel decidió dedicar cuerpo y alma, el tiempo que le quedara, a aquel objetivo.

Sé que en la industria del gas había trabajado con dedicación —e incluso con pasión— durante casi toda su vida laboral porque lo mencionaba a menudo; viajando por carretera te señalaba los hitos de las redes gasísticas: que si un tubo de respiración, que si una caseta de mantenimiento…, y te describía en detalle el estado y características de ese tramo de la red, así como el mejor bocata para el almuerzo o sitio para comer, a lo largo y ancho de la geografía madrileña. Por vacilarle a veces yo le reprochaba: ¿qué pasa que hace rato que no comentas nada de la red del gas?

Cuando empecé a tratarle, una de las cosas que me llamaron la atención es que parecía conocer a medio mundo: si no habían trabajado juntos, eran parientes, o pariente de alguien conocido, vecino o vecina… Hasta el punto de que un día ya le dije: Vale, pareces buena persona, aunque seas de la CIA, del KGB o del CNI; bueno, del CNI, no, porque tú conoces a mucha más gente… pero no te agobies, nadie es perfecto. Cada vez que salía algún nombre nuevo en nuestra conversación tenía que primero disculparse porque decía: te vas a reír, pero es que le conozco de…

Lo otro es que su aterrizaje en esta lucha fue sin paracaídas ni salvoconductos. Hay que partir de que en el memorialismo la mayoría lucimos cierto pedigrí: ya sean viejas militancias y experiencias represivas, ya afinidades ideológicas partidistas, o ambas. Manuel en cambio se presentaba con su simple empatía y entusiasmo por toda carta de presentación, ignorando conscientemente jerarquías y linajes. Esa, digamos, carencia de currículo se acompañaba con una similar carencia de prejuicios o querencias ideológicas (más allá de un radical antifascismo), lo que Cristina —mi mujer— denomina su antidogmatismo, que también podría calificarse como cero-sectarismo… Y, curiosamente, casi todas las puertas se le abrían de par en par; lo viví directamente con él en ámbitos en los que coincidimos, como el de La Desbandá o del Centro de Memoria de Carabanchel. Existe alguna cualidad indefinible que hace que ciertas personas tengan una particular capacidad de conectar y conquistar la confianza y respeto ajeno, cualidad que Manuel poseía.

Pero esta actitud y disposición podían también, desgraciadamente, generar recelos, sobre todo en quienes se consideran guardianes de ortodoxias y legados, o quienes se hallan instalados en la rutina, que sienten la irrupción de alguien como Manuel como una amenaza al *statu quo*. Para Manuel —y también para otras personas como yo mismo— esas reacciones resultaban incomprensibles y, aunque él no lo trasluciera, fueron sin duda una experiencia dolorosa.

Lo que no creo que admita dudas, más allá de posibles celos o recelos, es que su capacidad de trabajo, sus habilidades sociales, su inteligencia y honestidad, hacían objetivamente de Manuel activista modelo y el militante deseado por cualquier organización social o política que se precie. Muchas personas así necesitaría el memorialismo, por ceñirme a este marco, para ampliar su impacto social. La labor que realizó en la construcción del COT (Colectivo por los Olvidados de la Transición) localizando y movilizando a tantos familiares de tantas víctimas (Almazán, Cuervo, Muñoz, Mañas, etc.), y consiguiendo un espacio propio en la agenda pública, no puede sino calificarse de admirable. Y, siempre, de forma desinteresada, no ya en términos económicos y políticos, sino de protagonismos y reconocimientos personales. Su relevancia y presencia pública han sido siempre instrumentales, medios necesarios para la visibilización de los objetivos de su justísima lucha.

No quiero hacer de estas notas una novela, pero no puedo dejar de mencionar algunas experiencias compartidas que sirvieron para forjar nuestra amistad, hecha a partes iguales de afinidad política y química humana. Por ejemplo, las participaciones en las marchas de La Desbandá, un enriquecedor Babel de peregrinos y peregrinas de variado plumaje y rumbo, convivencias de 24 horas al día para la camaradería y buen humor… incluyendo por supuesto los viajes desde y hacia Madrid, como aquel con Pilar Estébanez, allá por 2019, en el que como siempre Manuel organizaba la ruta y paradas en sitios que sólo él conocía, por ejemplo la modesta fonda en medio de la nada por tierras granadinas, en la que Pilar, que por algún motivo había declarado la guerra al verdejo, se empeñaba en encontrar vinos *gourmet* para desesperación del mesonero… y nuestra; o aquel otro durante la pandemia en una furgoneta alquilada donde nos hacinábamos nueve personas, la mayoría desconocidas y algunas antivacunas confesas… Nuestro último viaje en grupo debió ser el que hicimos para el homenaje anual a las víctimas del caso Almería en la carretera de Gérgal, en mayo pasado, con visita y pernocta en Guadix.

Creo que no lo he dicho: Manuel era un muy buen amigo para sus amigos y amigas, cercano, solidario, generoso… y además un tipo ingenioso y divertido; aunque pasaran días en que no coincidíamos, siempre encontrábamos el momento de charlar un rato por teléfono para ponernos al día, repasando y, frecuentemente, lamentando las vicisitudes de este mundo memorialista. La verdad, me faltan ahora esos ratos de charla con Manuel para comentar la jugada y hacernos alguna que otra risa. También para enterarme de claves y datos: él siempre estaba mucho mejor informado que yo gracias a la abundancia y variedad de sus fuentes. Aparte de sus seres queridos más próximos, es mucha la gente que seguramente ya le echa de menos en tantos entornos en los que se desenvolvía y donde será difícil llenar su vacío; muy particularmente entre sus colegas del COT, proyecto del que fue el alma, Pablo, Javier, Pilar, Matías, Marc…

Manuel nos ha dado también una lección como enfermo, confrontado a un cáncer con muy mal diagnóstico y a un proceso acelerado de deterioro físico y tratamientos agresivos, en los últimos meses de su vida en los que en ningún momento se dejó abatir, ni dejó de utilizar sus fuerzas, pocas o muchas según el momento, para seguir en la lucha. Admiro su entereza porque estoy seguro de que, a pesar de su siempre buen ánimo, ha sufrido lo suyo y ha sido plenamente consciente en todo momento de la proximidad del final. Obviamente, el mérito es compartido por Olga y las hijas, Olga y Marta, fuertes y amorosas las tres, soporte imprescindible y constante del ánimo de Manuel.

Tenía a medio escribir esta nota cuando llega desde Buenos Aires la información de que la jueza Servini ha ordenado investigar al asesino de Arturo, Fernández Guaza, que hace pocas semanas fue localizado y entrevistado en su refugio desde hace más de 40 años, bajo nombre falso, en Argentina. Tanto la apertura de actuaciones de la jueza como la localización y difusión del paradero del asesino han sido en gran medida obra de Manuel y sus familiares, y, por supuesto, del gran trabajo de investigación del periodista y escritor Carlos Portomeñe.

Tras el carpetazo, en septiembre pasado, de la Audiencia Nacional a la petición de reapertura del sumario e investigación del crimen de Arturo, rechazando la aplicación de la Ley de Memoria Democrática, la decisión de la jueza Servini es una de esas escasas y modestas recompensas que la lucha contra la impunidad del franquismo consigue. La lucha por la verdad, justicia y reparación por los crímenes del franquismo (incluyendo la Transición, un franquismo sin Franco) es tan parca en resultados y avances que el pesimismo es una tentación constante; Manuel, sin embargo, no era de desanimarse, y este acontecimiento, aunque él no lo haya vivido, demuestra el acierto de su empeño e iniciativas, que transcienden al propio caso de Arturo. Desenmascarar a un sicario irredento e impune, responsable directo de al menos un asesinato en la Transición y testimonio vivo de la complicidad del aparato de

Estado en aquellos crímenes, ha sido sin duda un hito en la construcción de la memoria antifranquista.

Respecto a esa persecución del criminal oculto en Argentina, Manuel vivió otro episodio de decepción de quienes se suponía compartían su causa, tanto aquí en España como con el equipo jurídico argentino de las querellas por crímenes del franquismo, cuando, junto a su hermano Miguel Ángel y a otras personas del COT viajó a Buenos Aires en marzo de este mismo año —a pesar, por cierto, de estar muy débil en medio de su tratamiento oncológico—. De nuevo de forma incomprensible, Manuel chocaba con la desafección de supuestos aliados… Afortunadamente, localizaron allí sobre la marcha otro equipo de juristas, y ese trabajo y estrategia se ven hoy recompensados, aunque sea mínimamente, por la decisión de la jueza Servini. Cristina, que se encuentra precisamente en estos días en Buenos Aires, me cuenta que cuando hace unos días entregó los papeles enviados por Manuel al abogado principal del nuevo equipo, Duilio Ramírez, este era un mar de lágrimas recordando su larga conversación sobre estrategias y planes con aquel, la tarde anterior a su fallecimiento.

«A nosotros la justicia ha seguido torturándonos durante más de 40 años» decía Manuel en una entrevista en la SER en septiembre pasado; habría que añadir que, a pesar de ello, la justicia (por llamarla de alguna manera) nunca consiguió doblegar su espíritu.

Arturo estaría orgulloso de su hermano, como lo estamos quienes disfrutamos de su amistad y compañerismo. Así como Manuel entregó los últimos años de vida a la lucha por la justicia para Arturo, me permito ahora también modestamente reivindicar justicia y reconocimiento, pero en este caso para el propio Manuel y su admirable obra.

Manuel Ruiz, luchador y amigo, tu recuerdo y ejemplo perdurarán.

Manu

Javier Almazán

Quizá falleció, pero nunca nos dejó, nuestro querido amigo y compañero Manuel Ruiz. Fue el impulsor del Colectivo por los Olvidados de la Transición, el activista entusiasta de la defensa y memoria de todas las personas asesinadas en la lucha por la conquista de los derechos democráticos tras la dictadura franquista.

Comenzó su andadura tras la búsqueda de justicia para su hermano Arturo, asesinado el 23 de enero de 1977 en una manifestación pro amnistía. En ese caminar se unió a otros familiares y amigos de víctimas de la llamada Transición, fueron cientos, siempre demasiados.

Manuel estuvo en Argentina en el año 2019, y formó parte de la acusación contra el exministro Martín Villa por el cruel crimen de Arturo a manos de José Ignacio Fernández Guaza, asesino confeso, según su propio testimonio prestado ante periodistas del diario *El País*.

En 2022, Manuel y Miguel Ángel Ruiz volvieron a Buenos Aires a aportar información que establecía con claridad que el asesinato de Arturo formaba parte de un plan organizado y constituía un crimen de lesa humanidad, todo ello fruto de la exhaustiva investigación llevada a cabo por Carlos Portomeñe.

Se nos fue Manu, luchador infatigable, memorioso de sucesos, fechas, calles, nombres, frases, ese guerrero arraigado a la vida.

Como a menudo recordaba, trabajó en la instalación del gas por los páramos desiertos, los fecundos regadíos, los ruidosos bulevares.

Conocerle era quererle. Para seguirle tenías que ser rápido en el paso y en el pensamiento, si no, quedabas rezagado en el ayer, mientras que Manu, nuestro Manu, ya corría por el pasado mañana.

No veía frontera, huía de la injusticia y aunque estaba acosado por la mentira, abría caminos a golpe de machete en aquella selva siempre gris de la memoria.

La Transición fue su campo de batalla y Arturo ese soldado caído, la razón de su pisada.

La tubería del gas

Quién me llama?
Quien va a ser, Manu otra vez.
¿Cómo estás? ¿A dónde te acompaño?
¿Qué entrevista? ¿Cuál reunión?
Vamos o no con la camiseta del COT
Colectivo de Olvidados, chavales asesinados
La sangrienta Transición

Qué dice señor ministro, cómo va su corazón,
quizá lo tiene guardado con bolitas de alcanfor
Esa diputada escucha para olvidarnos después
qué pasa con el COT, sobre todo con Manuel,
Esa voz que se dispara hacia el centro del poder

Manu dónde vas?
Por el camino que surca la tubería del gas
Cállense poderosos
Manu comenzó a hablar
¿Qué ocurre? ¿Os escuece la verdad?

Manu, siempre con prisa
recuerdo tu humor absurdo,
Esa media sonrisa, el improvisado discurso
Está el enemigo? Que se ponga
Y si hay bronca, pues hay bronca
Soy Manu y me dirijo a mi contrario
Sal de tu escondijo, está todo en el sumario

Joven, recuerda, nuestros hermanos
sufren abandono, cementerio y plomo
Maldito Fernández Guaza
terrorífica guadaña
Perro Martín Villa, asesinos sus gorilas

Maldito cangrejo, la última lucha
La muerte, si, nunca el abandono, tu disputa

Y Olga, y Olguita y Marta,
Tu vida, tu sueño, tu espada

Manu, ¿dónde estás?
Bajo tierra quizá
No, no.
Estoy con Arturo, en alas a volar
Por debajo, en el sendero, la tubería del gas.

J. A.

Manuel Ruiz, el hombre del camino eterno hacia la justicia

Guillermo Martínez
@Guille8Martínez

El hermano de Arturo Ruiz, el joven asesinado por un ultra-derechista en 1977 y que huyó de España, fallecido el pasado noviembre. Sus últimos años los dedicó a buscar justicia arropado por el movimiento memorialista.

Algunas veces, Manuel me llamaba sin venir a cuento. «Guille, ¿cómo estás? Me he acordado de ti y quería saber qué tal te iba», me decía. A mí esa llamada me solía pillar trabajando, pero no era ninguna molestia. No hablábamos de nada en concreto, sino de *la vida en general.* Quizá mis desamores, sus últimas averiguaciones sobre el caso de su vida o las novedades más recientes de *ese maldito cáncer* que mañana, 21 de diciembre, hará un mes que nos lo arrebató.

Manuel no era solo Manuel. Manuel era *Manuel Ruiz,* ese apellido infinito que nos unió, compartido con su hermano Arturo. Ese fue el inicio de todo: Arturo Ruiz fue asesinado por un ultraderechista en una manifestación en 1977. El fascista se llama, porque todavía vive, *José Ignacio Fernández Guaza.* Lleva residiendo en Argentina desde hace 46 años gracias a la complicidad del Estado español en aquel momento, y la *dejadez y permisividad del Estado español actual.* Manuel, entonces, llegó a mi vida como a la de tantos otros: buscando justicia.

Bien sabía él que a mí lo de impartir justicia es algo que me queda bastante lejos, pero pronto me hizo ver que en ese camino que nunca dejó de andar *todos podíamos empujar un poco.* En mi caso, desde la prensa, con las palabras. Ya fuera en el Parlamento Europeo, que visitamos juntos, o en aquel congreso de Mollina, un pueblo malagueño desconocido para mí hasta entonces y que concitó la flor y nata del movimiento memorialista español en torno a La Desbandá, él *siempre tenía un abrazo para los demás.* Un abrazo cálido, una sonrisa sincera, una mano curtida de la que aprender. Daba gusto andar a su lado.

De hecho, a pesar de que llegó algo tarde al *movimiento memorialista,* Manuel rebosaba de ideas: colectivo en el que estaba, colectivo que quería mejorar. Hasta fue uno de los fundadores de una agrupación inédita hasta la fecha: el *Colectivo por los Olvidados de la Transición.* Su afán de búsqueda de justicia por el asesinato de su hermano hace más de cinco décadas le llevó a visitar lugares todavía desconocidos para él. En ese camino también conoció multitud de personas que pronto supieron ver la *bondad que se escondía* en ese cuerpo que durante años había trabajado para la industria del gas.

Me gusta repetir la *idea del camino,* porque creo que eso es la vida, y eso es lo que ahora nos queda, seguir andando. Manuel, para mí, dejó de ser una fuente periodística para *convertirse en ese amigo de otra generación* que, si no tiene el comentario ajustado a la situación, se esfuerza por encontrarlo. Y me niego a escribir lo anterior en pasado, porque *sigo hablando con él.* En poco tiempo supe que tenía que aprovechar mientras pudiera, y lo hice. Los dos lo sabemos bien.

La noticia de su *fallecimiento,* causado por las complicaciones de un cáncer que le acompañó en los últimos meses de vida, me pilló muy de improviso. Ya había pasado un día cuando me enteré. En ese momento, pensé en varias cosas, a saber: 1) *Fernández Guaza sigue vivo y coleando* en Argentina, desde donde da entrevistas en las que asegura que la Guardia Civil le pagaba para matar etarras en

Francia. Y aquí no pasa nada. 2) La última vez que nos vimos, en su casa, donde nos despedimos con *un abrazo que ahora resistiría cualquier envite* ante la mirada de la encantadora Olga, su compañera y escudera. Y 3) La *conversación de WhatsApp* que manteníamos.

Escarbe en la aplicación de mensajería como si fuera un cementerio semántico en el que redescubrir a Manuel. Vi su atención y su delicadeza. Es simple: *sabía hablar de amor porque sabía amar.* Y sabía que amantes son los que se aman. *A través de la ternura conseguí recomponer su figura.* Pude imaginarme sus mensajes leídos con su voz. Saboreé ese momento, porque sé que es algo que no podré hacer durante mucho tiempo. Ese cariño que respiraba cuando estaba con él me impulsó para *lanzarle tres claveles rojos antes de que cerraran la tumba* del cementerio de Fuencarral en donde habitan parte de las cenizas de su cuerpo. Las demás están en Granada, en su tierra natal.

Imagino que el fuego se asombraría de *lo duro que podía llegar a ser un cuerpo como el suyo,* porque era fuerte, y valiente, y honesto. Esas llamas nos calentaron para siempre.

Decía antes que me gusta hablar de *la vida como un camino,* quizá del que salen muchos otros, en el que entran y desaparecen personas, donde algunos pasos no los das solo, pero, otras veces, te aventuras en arriesgadas vivencias sin nadie cerca. *Todo eso, por suerte, seguirá.*

Seguirán nuestros caminos sin Manuel al lado, pero aquí nadie va a dejar de andar. *Seguirán nuestros caminos con Manuel dentro,* porque ahora nuestras pisadas también le pertenecen.

Creo que jamás le llegué a decir que le quería. Ni *tampoco tengo ninguna foto en la que aparezcamos* juntos. Eso me apena, y siento llegar tarde. Decid lo que queréis a las personas que queréis, haceos fotos para el recuerdo. Nada de eso es importante hasta que no lo puedes tener. A partir de ahora, cada vez que dude en *expresar mi amor a una persona* y me decante por decírselo sabré que lo hago por haberlo aprendido de Manuel. Qué mejor recuerdo, qué mejor aprendizaje, que ese. *Te quiero, Manuel.*

El de tu hermano es un crimen de lesa humanidad

A Manuel Ruiz

Manuel
tu perfil de águila
señala
sin descanso
el rapto a la justicia
tu mirada fija en la meta
que no escapen los verdugos

En tu larga marcha hacia el sol
arisca te evita la impunidad
Y tú Manuel
en el brillo de tu pena
siempre al cobijo de la certeza
con la constancia de la abeja
construyes
el recuerdo y la memoria
incansable invencible
extirpas de la sombra el olvido

Por siempre oiremos tu lengua desnuda
pronunciar de nuevo
la verdad

Luz Calvo

Jóvenes

En noviembre de 1975, tras la muerte de Francisco Franco, aquel dictador que acabó, guerra de por medio, con la democracia republicana, se inició un proceso de cambio hacia una monarquía parlamentaria con Juan Carlos de Borbón como referente. Es lo que se ha llamado la Transición.

En realidad el régimen no tenía continuidad, todo giraba en torno al general Franco, sin que existiera un líder con ascendencia y carisma que pudiera sustituirle en su descabellado sistema totalitario, alérgico a los derechos humanos.

Además existía una fuerte presión internacional, en especial de Estados Unidos, que pretendía impedir cualquier intento revolucionario como ocurrió en Portugal un año antes, en lo que se denominó la «Revolución de los Claveles».

Así las cosas, el aparato del poder franquista —dirigido por personas que no lucharon en la guerra— organizó un proceso de cambio, de evolución hacia una democracia otorgada. Lógicamente, se reservaron el papel de directores y permitieron que otras fuerzas políticas, en las orillas y fuera del régimen participaran en el reparto del poder y del dinero. El precio fue la impunidad, el silencio sobre los crímenes del franquismo, la oscuridad.

La Transición comenzó con una exigencia clara, había que reprimir por todos los medios cualquier tipo de disidencia que pusiera en cuestión el diseño trazado.

Ese mandato afectaba directamente a los jóvenes, estudiantes y trabajadores que reclamaban una ruptura total con el régimen anterior, en defensa de la libertad.

Se reivindicaba en la calle y en los centros de trabajo un futuro de esperanza sin dirigentes con pasado fascista, una sociedad construida por todos, sin condiciones previas ni barreras en la memoria.

La policía, la Guardia Civil y los grupos de extrema derecha como elementos de apoyo, recibieron la orden de atacar sin límites a los discrepantes.

En esas incursiones fueron heridos y asesinados cientos de jóvenes desarmados, cuyo delito fue el de no dejarse engañar. Sobre ese pasado sangriento se cimentó el edificio de la Transición.

El relato se construyó sobre la base de la concordia entre personas de diferentes ideas políticas, sin mencionar aquellos crímenes ocultos bajo la alfombra de la democracia. El olvido se volvió necesario «para asegurar la convivencia y sanar heridas». En último extremo se habló de «unos pocos muertos que en nada empañan la finalidad del proyecto».

Esa narración oficial fue asumida y difundida por políticos de izquierda y derecha, periodistas e historiadores, jueces y abogados, profesores y catedráticos, militares y civiles, banqueros y millonarios, artistas y funcionarios y, como no, por la iglesia católica que también se benefició de la impunidad por el robo de bebés, y por ser parte importante de la miseria del franquismo. Es lo que se llama el Club de la Transición.

Nosotros, el Colectivo por los Olvidados de la Transición, conocemos la verdad sobre el asesinato de aquellos jóvenes, algunos hermanos, otros amigos, el resto desconocidos, víctimas de crímenes de lesa humanidad.

Nuestro recuerdo carece de fuerza si no lo compartimos. La comunicación a otras personas es esencial para consolidar un nuevo relato, muy diferente al publicado por ese Club de la Transición que falseó la historia y ocultó tantas manchas de sangre.

¿A quién debemos transmitirlo? A todos, sí, pero en especial a las generaciones jóvenes a los que se les ha inculcado una leyenda embustera.

A esos jóvenes inteligentes e inconformistas que demuestran inquietud y espíritu de lucha nos dirigimos ahora para formar una memoria colectiva repleta de ocultaciones interesadas

Los osados que se animan a dar un paso adelante ante una duda o una injusticia son nuestros receptores esenciales.

Nuestra vida no alcanzará para oír en boca general el relato veraz de la Transición, por ello necesitamos ser escuchados por los jóvenes, compartir con ellos nuestros recuerdos.

Tal vez unos pocos, quizá algunos más, desde nuestra narración, quieran ir más allá y estudiar causas y conclusiones o al menos guardar en su mente los sucesos escondidos y contarlos a las generaciones sucesivas

Si fuera así, habríamos triunfado en nuestro viaje, no pedimos más.

Javier Almazán

Verdad, justicia
y reparación

Nosotros el COT

Javier Almazán

Somos miembros del COT, el Colectivo por los Olvidados de la Transición. En el título está la palabra clave, OLVIDADOS por efecto de la negación y la omisión.

Al olvido hay que añadir el desprecio grosero, la mirada arrogante del poder.

El COT está formado por familiares y amigos de jóvenes asesinados durante la Transición por la policía, la Guardia Civil y los grupos de extrema derecha, estos últimos auxiliados por los dos primeros. También lo constituyen personas de indudable valía que sienten como suya la angustia y el horror que se desprende de esos crímenes.

Nuestra idea, cercana a la utopía, es establecer un discurso basado en la verdad, en relación con los asesinatos perpetrados durante la Transición por aquellos cuya función era la de proteger a los ciudadanos, por esos a los que se le llenaba la boca de patria y de Dios.

Cómo no incluir en esa conjura criminal a la jerarquía católica, que robaba niños en los paritorios para venderlos o regalarlos a gente que compartía su falta de escrúpulos.

No pretendemos acudir al recurrente argumento de la conspiración, sino comunicar un relato veraz de lo ocurrido, basado en los hechos y en los testimonios relevantes de testigos y familiares de las víctimas. Se trata, al fin, de revindicar la memoria por la dignidad de los muertos.

Frente al actual ejercicio de la justicia —qué palabra tan ambigua y enigmática— llevada en brazos por jueces y legisladores que negaron o tergiversaron interesadamente la rabiosa realidad, queremos que de una maldita vez la jurisdicción española e internacional reconozca que fueron crímenes de lesa humanidad cuya reparación sería un acto al menos de decencia. Por eso intentaremos promover y apoyar las querellas que familiares de las víctimas presenten por los delitos cometidos.

Intentaremos apoyar cuantas medidas jurídicas, administrativas, educativas y culturales resulten necesarias para que se conozca la verdad en recuerdo de las víctimas y servir de interlocutor ante a las instituciones, partidos políticos y asociaciones. Queremos generar un debate en la sociedad española sobre la Transición.

Ello nos lleva a difundir en el ámbito académico el conocimiento histórico de la Transición, puesto que la juventud está recibiendo un discurso sesgado de ese período.

Hemos promovido charlas y conferencias en institutos y universidades, así como en sedes de asociaciones, partidos políticos y sindicatos. También hemos impulsado actos en memoria de las víctimas de la Transición,

El relato veraz de la Transición se ocultó por un pacto entre las fuerzas políticas y los poderes fácticos españoles e incluso internacionales, sus auténticos artífices.

Reconocer a las víctimas, en su justa medida, supone romper el acuerdo sellado a sangre y fuego por los poderosos e intuimos que esa quiebra afecta de lleno a muchas personas que han cimentado sus carreras sobre los pilares del actual régimen. Una trayectoria que se alimentó del silencio y la impunidad.

Hasta hoy las iniciativas legislativas en materia de memoria tienen la vocación de punto final. Pretenden salvar el relato oficial de la Transición con meros maquillajes para crear una atmósfera artificial de cambio sin que este se produzca.

Y los medios de comunicación de masas, de la mano de los poderes económicos que los financian son, junto a los principales grupos políticos, los arquitectos de la Transición. No es de extrañar que esos medios apoyen y promuevan el discurso oficial.

La conquista de ciertas libertades democráticas, tras 40 años de dictadura, fue posible gracias a la generosidad y valentía de millones de personas que en los centros de trabajo, en los barrios, en institutos y universidades y, sobre todo, en las calles, lucharon denodadamente para acabar con ese nefasto régimen.

Muchas de esas personas pagaron con su vida secundar una huelga, acudir a una manifestación, exigir mayor libertad y una sociedad mejor.

Nos han inculcado que la Transición fue el período más brillante de la reciente historia de España y que si hubo víctimas, a veces se pone en duda, fueron daños colaterales, errores que no empañan el resultado final.

Las familias de las víctimas tienen que soportar ese mantra día tras día. Los mataron, ¿y qué? Fue hace muchos años, hay que olvidar, algo habrían hecho, tuvieron lo que merecieron, caminaban a la contra y fueron atropellados por el fulgor. El futuro se construyó sin ellos, sin nosotros.

De acuerdo con los estudios de periodistas e historiadores, en la Transición las fuerzas represivas —Policía Armada, Brigada Político-Social, funcionarios de prisiones y Guardia Civil— asesinaron a cerca de 150 personas. Y otras tantas personas fueron asesinadas por bandas fascistas parapoliciales

La impunidad permitió matar sin consecuencias, los procesos judiciales fueron una farsa; si algunos, muy pocos, pisaron una cárcel tuvieron medio abierta la puerta de salida.

La memoria solo existe para las víctimas del terrorismo, es decir, para los heridos y asesinados por ETA principalmente, y un pequeño resquicio se deja para las víctimas de la extrema derecha, pero los muertos a manos de las fuerzas de seguridad del Estado duermen en una habitación vacía. Nunca serán víctimas del terrorismo, no se reconocerá que el Estado actuó desde el terror dentro de un plan establecido dejando un rastro de dolor. La autoinculpación no está prevista, el Estado se protege a nuestra costa.

En el horizonte solo queda la Querella Argentina, pero avanza con muchas dificultades debido a la presión del Estado español y de otras fuerzas que imperan en ese país americano. Da la sensación de que quieren trasladar el procedimiento a la jurisdicción española, a raíz de la Ley de Memoria Democrática, eso sería su final. De momento la jurisdicción argentina reclama mayor material probatorio, sin ninguna colaboración por parte del Estado español.

En fin, queremos transmitir en voz alta el discurso de la verdad, que se hable de la Transición oculta y sangrienta.

Exigimos que la justicia abandone la injusticia y certifique la realidad de los hechos omitidos casi siempre, cuando no cuestionados.

Reclamamos reconocimiento y reparación, no serán suficientes los sesgados diplomas, los discursos huecos, el abono del olvido.

Fueron

Siento un arrullo de apagados clamores que un día fueron
dueños de estas calles y plazas.
Sueño de niños, ligeros de odio, separando tonos grises del
color de la esperanza.
Detrás, el vaho fétido, el crujido de las botas, esos ojos sin
mirada.
El universo se encoge,
¿dónde estáis hijos del alba?
¿Es la hora de la lucha?
La muerte sopla en la espalda.
En un portal olvidado, unas voces sofocadas,
el murmullo, las pisadas, fuego lento que se apaga.
En los buzones, sus nombres, sobre los nombres la sangre,
y la sangre, con ese goteo constante,
cubre sueños, vicia el aire.
El amor isla en el lodo, el horizonte se enturbia,
no los veo, ya se fueron.
Los quisimos, los queremos, viejas fotos, tiernos gestos.
Y aquí, delante de todos, un Javier sin una historia, sin
importancia o victoria.
Desnudo y algo cansado,
aturdido, agradecido,
a quien merece el recuerdo,
a los fantasmas sin gloria.

J. A.

El invento de la Transición y la legalidad del franquismo

Matías Viotti Barbalato y Marta Romero-Delgado

Después de casi cuarenta años de dictadura el traspaso de poderes que encontró el régimen para no caer bajo la justicia de un tribunal de derechos humanos y legalizarse en la nueva sociedad que se aproximaba, fue a través de la denominada Transición española hacia la «democracia». Este proceso, que se venía fraguando con la connivencia de la monarquía y la derecha católica durante el tardofranquismo, se instaló tanto en el Estado español como en varios países de América Latina como una fórmula para pasar de una dictadura a una democracia con total impunidad. Un pacto de silencio funcional a las políticas neoliberales establecidas posteriormente y que requería de un relato naturalizado por la sociedad española para poder legitimarse.

Dicho relato estuvo marcado por la estrategia del régimen de presentar una cara más democrática ante el mundo, especialmente después de la Segunda Guerra Mundial —cuando pierden los aliados fascistas— dando lugar a un cambio en el interior del Estado protagonizado por la merma de representación del sector falangista y sustituido por el nacionalcatolicismo, cuyo mayor exponente era el Opus Dei. A pesar de todo este escenario estratégico, la Falange Española Tradicionalista y de las Juntas de Ofensiva Nacional Sindicalista (FET y de las JONS), más conocida como el Movimiento Nacional, se mantendrá como único partido legal hasta la muerte del dictador, en 1975. Con estos mimbres se elabora la denominada Transición como pacto de impunidad supervisado por los Estados Unidos, quien después de la Guerra Fría y el triunfo de la batalla de las ideas, se encontraba en la tarea de implantar el modelo neoliberal —la democracia capitalista— en el bloque occidental.

Sin embargo, la España de Franco llegará a la «democracia» arrastrando graves problemas económicos, políticos y sociales que podían ir erosionando sus planes de legitimación.[1] Teniendo en cuenta los tres últimos años de la dictadura, según el INE, el coste de vida se incrementó de un 8,2% a un 17% mientras que el crecimiento económico llegaba al denominado «crecimiento cero» donde el PNB español había aumentado apenas un 0,8% con una clara subida del desempleo. Asomaba el neoliberalismo en un escenario de confrontación al régimen que había que controlar.[2]

Las importantes movilizaciones de la clase obrera, cristianos de base, las luchas estudiantiles, las huelgas, etc., estropeaban los planes del franquismo por lo que el alto nivel de represión durante los últimos años de la dictadura, utilizando las armas para disolver manifestaciones, aplicando la tortura a los opositores y encarcelando a miles de personas, continuó vigente en la Transición con el objetivo de legitimar el régimen. Las fuerzas militares, policiales y judiciales continuaron en su papel de neutralizar a los movimientos políticos y las luchas obreras antifranquistas pero esta vez en nombre de la Transición y la democracia. De hecho, los cuerpos policiales continuaron rigiéndose por la Ley de Orden Público de 1959 que tenía la función no tanto de perseguir la delincuencia, sino más bien de mantener el orden político franquista. Así, quienes participaban en las

---

1 Preston, P. *El triunfo de la democracia en España: de Franco a Felipe González pasando por Juan Carlos.* Madrid, Debolsillo, 2020.
2 Grimaldos, A. y García Ribera, A. *Contra el Pacto de la Moncloa: algunas respuestas de la clase obrera.* Madrid, Boletín, 2021.

movilizaciones sociales, ya sean estudiantes, obreros/as, curas o personas con otras ideas, se convertían en «terroristas» o «enemigos del Estado».[3]

En este contexto podemos encontrar a los grupos de ultraderecha de la Transición vinculados al Estado, como los Guerrilleros de Cristo Rey, el Batallón Vasco Español o la Triple A, entre otros, donde actuaban personajes como José Ignacio Fernández Guaza, asesino de Arturo Ruiz el 23 de enero de 1977 y recientemente localizado en Argentina después de 46 años de impunidad. Grupos de ultraderecha que no eran perros sin dueño, sino que formaban parte del entramado estatal que tenían como objetivo frenar a los movimientos que obstaculizaban los planes de continuidad y legalidad del régimen.

Un proceso que no hubiera sido posible sin el papel del sistema judicial con jueces y fiscales funcionales a un sistema político que había decidido, sin preguntarle a las víctimas, tratar de la misma manera a oprimidos como a opresores. Un sistema judicial que hizo posible que siguieran administrando justicia los mismos que habían sancionado los abusos —ahora perdonados— no sólo decretando la amnistía sino también el olvido.[4]

Un sistema, el de la Transición, que entre cuerpos policiales y la ultraderecha dejó más de 250 víctimas mortales teniendo en cuenta el periodo 1975-1981. Sin contar las personas heridas, encarceladas y torturadas, así como el sufrimiento de las familias que tuvieron que hacer el duelo en medio de amenazas, estigmatizaciones y una impunidad que dura hasta la actualidad. Esta es la situación de los familiares (tanto por consanguinidad como por amistad) que escribimos en este trabajo, al igual que la de todas las

---

3 Wilhelmi, G. Romper el Consenso. *La izquierda radical en la Transición española (1975-1982)*. Madrid, Siglo XXI, 2018.
4 Jiménez Villarejo, C. y Doñate Martín, A. *Jueces, pero parciales. La pervivencia del franquismo en el poder judicial*. Barcelona, Pasado y presente, 2012.

personas afectadas por el franquismo, ya sea en la dictadura o la Transición.

Teniendo todo esto en cuenta nace el Colectivo por los Olvidados/as de la Transición (COT) en busca de Memoria, Verdad y Justicia interpelando el relato oficial que durante todos estos años ha mantenido la normalización de la impunidad, en una sociedad cegada por la teoría de los dos demonios que asigna las mismas responsabilidades tanto al oprimido como al opresor. La relevancia de que se haya conformado este colectivo está en el hecho de que ayuda a construir una memoria más acorde con los damnificados y no tanto con los historiadores. Son los y las familiares de los asesinados por la Transición y quienes la sufrieron, ya sea bajo tortura u otro tipo de violencia, quienes contradicen la historia oficial construida por el propio franquismo, sin más armas en la mano que su testimonio y su verdad.

La Transición. ¿Qué Transición?

Luis S. Fernández Contreras
Presidente Asociación Mesa de Memoria Histórica
del Distrito de Latina

Cuando me piden que escriba algo sobre Memoria o Transición, siempre me viene la misma pregunta: ¿por qué nos consideran víctimas de segunda a todas aquellas que no sean las suyas, «sus» víctimas? Está claro que por seguir siendo los familiares y los memorialistas «sus» moscas cojoneras, «sus» gotas malayas, «sus» piedras en sus zapatos, y lo seguiremos siendo.

Y lo seguiremos siendo porque sus nombres ya han dejado de ser tan desconocidos, sus hazañas siguen siendo inmortales, lo seguiremos siendo porque sus heridas no conseguirán nunca cicatrizar el olvido de su gente, lo seguiremos siendo porque, parafraseando a Mario Benedetti, «si habitan en nuestra memoria, no estarán solos».

Cuesta mucho entender desde la perspectiva de hoy, desde la inmediatez del ahora de las redes sociales frenéticas, cómo fueron capaces de dar hasta la vida por defender aquello en lo que creían en aquellos días de barbarie, con grupos fascistas paseando impunemente por las calles, pistolas, bates, puños americanos, navajas, nunchakus en mano dispuestos a asesinar a cuantos no pensaran como ellos. Había que ser valiente, muy valiente, para ir a una manifestación… pero aun sabiendo eso, íbamos.

Hacerlo era jugarte la vida, lo sabíamos, pero, a pesar de todo, salimos a la calle a defender la libertad y la justicia. Unos tuvieron peor suerte que otros. Eran tiempos de sangre, en los que, hasta defender los derechos de los trabajadores, incluso en los propios tribunales, también era jugarte la vida.

Fueron muchos y muchas quienes cayeron asesinados en aquellos días a manos de sicarios, policías y ministros que, incluso hoy, siguen dando charlas por ahí recibiendo abrazos y aplausos, disfrutando de la impunidad que les dimos cuando renunciamos a muchas, a demasiadas cosas a cambio de una Transición que prometía la palabra, pero solo nos trajo silencio. Fueron tantos como más de trescientos y siguen apareciendo más porque seguimos investigando.

En nuestra inocencia no vimos, o no quisimos ver, que jugábamos una partida con las cartas marcadas, una partida en la que no podían perder los trileros que pasaron de la noche a la mañana de franquistas a demócratas de pata negra y que con sus prebendas y privilegios ahogaron todos nuestros sueños.

Me duele en el alma pensar en lo que habrían sentido Arturo, o Mari Luz, o Ángel, o José Luis, o Marc, o... tantos otros, viendo a Martín Villa siendo recibido entre vítores y aplausos por sus correveidiles de turno sin que en esta democracia que nos prometieron hayamos podido siquiera juzgarle después de casi cincuenta años.

Y en medio de este lodazal inmundo, aquí estamos, recordando a los padres y a las madres de esa España que pudo haber sido y que sigue siendo un camino de baches y trampas que iremos sorteando según nos vayan llegando.

Quizá algún día pueda llegar a ser. Seguro que será porque, como decía Cicerón: «La vida de los muertos perdura en la memoria de los vivos», y de Memoria nadie nos va a dar lecciones, y menos sus asesinos.

Nos han intentado vender un relato, que «la Transición» la trajo el monarca puesto a dedo por el genocida, cuando toda la gente sabe que la verdadera Transición la trajimos las calles, los barrios, las fábricas, los centros de trabajo, las universidades... la conciencia de clase (hoy desaparecida) de millones de personas que salimos a pelear y a luchar contra el franquismo y la oligarquía dominante en aquellos años.

Nos han intentado vender un relato en los libros de texto, en los medios de comunicación, televisiones, radios, periódicos, etc. Pretendían ocultar los hechos tergiversándolos y hacernos tragar sus mentiras. Pero les salimos contestatarios e incómodos porque no nos creímos ni sus cuentos, ni sus patrañas.

El 26 y 27 de octubre se celebraron en Madrid, donde tuve el honor de participar, unas jornadas organizadas por el Colectivo por los Olvidados de la Transición (COT); Izquierda Revolucionaria y la Asociación Mesa de Memoria Histórica del Distrito de Latina, la cual me honro en presidir. Se celebraron en el marco incomparable del Espacio Rosa Luxemburgo y a las que dimos el nombre de «La Transición Sangrienta». Todos los que la vivimos/sufrimos pensamos que no había mejor nombre para denominar ese periodo de tiempo, en yuxtaposición al que desde los gobiernos que hemos tenido nos han intentado vender, como «pacífica», «modélica», etc. Cerca de cuatrocientas personas nos acompañaron en esas maravillosas jornadas.

Desde que el 20 de noviembre de 1975, en una cama del hospital madrileño de La Paz, fallecía el genocida Francisco Franco rodeado de sus seres más queridos hasta finales de 1983, ocho años completos, 318 compañeros y compañeras fueron asesinados por los cuerpos y fuerzas de seguridad del Estado y grupos de extrema derecha de los cuales no se han esclarecido 250. Sólo unos pocos han tenido el privilegio de ser considerados como víctimas del terrorismo del Estado, gracias a la incansable labor de familiares, amigos y asociaciones que han seguido luchando por los derechos de nuestra gente, de nuestros, si se me permite la palabra, héroes.

A partir de esa fecha, 20 de noviembre de 1975, mucha gente pensaba, pensábamos, que el régimen totalitario impuesto por el criminal dictador y sus correveidiles acabaría y empezaría una transición hacia una democracia que ya disfrutaban nuestros países vecinos desde el final de la Segunda Guerra Mundial, el 2 de septiembre de 1945. Nada más lejos de la realidad. En esos momentos siguió sin haber, al igual que desde 1939, ni Paz, ni Piedad, ni Perdón hacia los perdedores.

Siguió sin haber Paz, ya que siguió existiendo la victoria fascista que trajo más represión y más muerte hasta bien entrada su Transición. Siguió sin haber Piedad con los que pensaban, pensábamos, diferente. Y tampoco existió el Perdón, todo lo contrario, lo que volvió a manifestarse fue su afán de odio y de revancha desmedidos hacia trabajadores, estudiantes, asociaciones de vecinos, etc. A manos de la Brigada Político-Social, sus torturadores, sus bestias y fieles seguidores.

Tan bien atado estaba, y está, todo que, cincuenta años después, tanto las víctimas del franquismo como las de la Transición da la sensación que han sido consideradas como víctimas de segunda y de tercera categoría. Simplemente ignoradas, a veces despreciadas, nunca reconocidas como se merecen. Para todos los gobiernos que han existido desde 1975 en España hasta hoy, 2025, sólo hay unas víctimas, las de ETA, cuyos familiares obtuvieron subvenciones, pagas, ayudas, trabajos, etc. Las víctimas del franquismo y de la Transición que hayan sido consideradas víctimas del terrorismo de Estado se cuentan con los dedos de las manos. Ahora, más recientemente, hay que añadir las víctimas de los atentados del 11 de marzo de 2004 y las más de 120.000 víctimas de la tan reciente pandemia del año 2020.

Lo que sí nos dejó el franquismo fue el Miedo, un país lleno de Miedo, incapaz de celebrar el final de una dictadura que segó vidas y sueños porque siguió segando más vidas y más sueños. Nos dejó un país que era un mar de Miedo ahogando su libertad, un país donde había Miedo a significarse, a liberarse, a festejar el regreso de la ciudadanía libre, Miedo a una idea de patria que daba Miedo. Hoy es más triste y peor, indiferencia, ignorancia, una población manipulada y desmemoriada... después de noventa años de desmemoria en colegios e institutos sigue habiendo Miedo a que se sepa la verdad.

Todo esto tiene un claro y, si me apuráis, único culpable: el Régimen del 78. Como se decía en el díptico de esas jornadas

> esa Transición que alumbró el régimen del 78 encumbrando a la monarquía juancarlista, se levantó sobre la impunidad. Los responsables de asesinar a cientos de miles de luchadores y luchadoras antifascistas durante la guerra y la posguerra y los que cometieron todo tipo de atrocidades durante los últimos años del franquismo fueron absueltos sin juicio gracias a la infame Ley de Amnistía de 1977.

De aquellos barros todos los lodos posteriores.

Nuestro compromiso como demócratas era eliminar los vestigios de esa dictadura, como hicieron otros países de nuestro llamado entorno. Esos países democráticos han recordado, han traído al presente la dignidad de las víctimas, y eso es lo que nosotros intentamos hacer, descubrir la verdad, que se haga justicia y también, como mínimo una reparación moral y, lo que es el más importante de los deseos, anhelos de nunca más una repetición de hechos parecidos a los que se sufrieron y aquí se detallan.

Hemos querido reparar su memoria y queremos recuperar su dignidad, y queremos cumplir también con el reconocimiento a las víctimas de la Transición, porque con libros como este estamos recuperando su memoria frente al silencio, y su memoria frente al olvido. Ya jamás serán olvidados. La verdadera democracia tiene la obligación de honrar a aquellos que sufrieron la injusticia, a aquellos que sufrieron agravios, torturas, vejaciones, robos, asesinatos...

Nosotros lo hacemos reconociendo a todas las víctimas, absolutamente a todas. Una Democracia justa y verdadera debería hacer lo mismo.

Han pasado cincuenta años, pero el deseo de justicia sigue vivo, debe de seguir vivo. Esto no es revancha, ni mucho menos, ni es deseo de crispar al contrario es deseo y anhelo de justicia, y es de justicia este libro. Porque este sentimiento se hereda de padres a hijos, de abuelos a nietos y seguirá así mientras la memoria siga viva, los familiares recuerdan a sus seres queridos y los quieren recordar no como delincuentes, ni como asesinados por hacer algo malo, sino que los quieren recordar por la libertad, por la lucha por la democracia, los quieren recordar porque necesitan tener un espacio en la historia, en nuestra historia.

Sus nombres ya no se borrarán en la historia.

Contestando las mentiras del relato oficial

Antonio García Sinde y Juan Ignacio Ramos
Izquierda Revolucionaria

1975 fue un año de grandes convulsiones políticas en el Estado español. Una dictadura moribunda llevó a cabo, el 27 de septiembre, una de las masacres más infames de su historia: el fusilamiento de tres militantes antifascistas del FRAP —Xosé Humberto Baena, José Luis Sánchez-Bravo y Ramón García Sanz—, y dos de ETA —Juan Paredes Manot, alias *Txiki,* y Ángel Otaegi—. Un año antes, el 2 de marzo de 1974, Salvador Puig Antich había sido ejecutado con garrote vil en Barcelona.

Estos asesinatos causaron una honda conmoción y desataron una movilización popular por todo el país e internacionalmente. Pero poco se conoce de cómo reaccionó el régimen ante aquellas protestas.

El 1 de octubre de 1975, Franco apareció en el balcón del Palacio de Oriente de Madrid acompañado del que había designado como su sucesor: el príncipe Juan Carlos de Borbón. Las palabras del dictador en su discurso, aplaudidas por el futuro rey y una masa de fascistas enfervorecida, no dejan lugar a dudas:

Españoles: gracias por vuestra adhesión y por la serena y viril manifestación pública que me ofrecéis en desagravio a las agresiones de que han sido objeto varias de nuestras representaciones diplomáticas y establecimientos españoles en Europa, que nos demuestran, una vez más, lo que podemos esperar de determinados países corrompidos, que aclara perfectamente su política constante contra nuestros intereses.

No es la más importante, aunque se presenta en su apariencia, el asalto y destrucción de nuestra Embajada en Portugal, realizada en un estado de anarquía y de caos en que se debate la nación hermana, y que nadie más interesado que nosotros en que pueda ser restablecido en ellos el orden y la autoridad.

Todo obedece a una conspiración masónica izquierdista en la clase política en contubernio con la subversión comunista-terrorista en lo social, que si a nosotros nos honra, a ellos les envilece. Estas manifestaciones demuestran, por otra parte, que el pueblo español no es un pueblo muerto, al que se le engaña. Está despierto y vela sus razones y confía que la valía de las fuerzas guardadoras del Orden Público, y suprema garantía de la unidad de las Fuerzas de Tierra, Mar y Aire, respaldando la voluntad de la Nación, permiten al pueblo español descansar tranquilo.

Evidentemente, el ser español ha vuelto a ser hoy algo en el mundo. ¡Arriba España!

La leyenda del rey «demócrata»

El 20 de noviembre de 1975 moría el asesino Francisco Franco. Dos días más tarde, Juan Carlos I de Borbón era proclamado su sucesor como jefe del Estado y rey de España en las Cortes franquistas. Todo pilotado por los mandamases del régimen y con el visto bueno de Washington. Comenzaba lo que se conoce oficialmente como la Transición española.

En 2025, el Gobierno de Pedro Sánchez ha considerado necesario celebrar una campaña de actos conmemorativos bajo el título de «España en libertad. 50 años». Difícilmente se podría haber encontrado un lema que encierre más falsedad sobre los hechos históricos, y un desprecio mayor hacia las víctimas de la violencia policial y fascista, a los asesinados, torturados, encarcelados y exiliados que, desde la fecha de la muerte del dictador hasta bien entrados los años ochenta del siglo pasado, se cuentan por miles.

Tras la muerte de Franco las políticas represivas de los primeros gobiernos de la monarquía *juancarlista* tuvieron muy poco que envidiar a las que soportamos en los años inmediatamente anteriores.

Los herederos de Franco, con el rey Juan Carlos a la cabeza, dejaron constancia de su actitud. No estaban dispuestos a demoler el régimen sangriento que se construyó tras la victoria del fascismo en la guerra civil. Pero sus planes de prolongarlo tras la muerte del dictador chocaban frontalmente con la fuerza de un movimiento obrero y estudiantil que, paso a paso desde los años cincuenta, había resurgido con una voluntad de combate que ni los despidos, ni las torturas, ni las cárceles, ni los asesinatos consiguieron doblegar.

Cuando muere Franco los cimientos de su dictadura estaban minados por la extraordinaria lucha de los trabajadores y la juventud, por las huelgas, las ocupaciones de fábricas y universidades, las manifestaciones masivas. En condiciones de clandestinidad recreamos nuestras organizaciones de clase, sindicales y políticas, dimos un impulso formidable a la prensa obrera, levantamos desde los barrios un potente movimiento vecinal que conquistó significativas mejoras en nuestras condiciones de vida y de vivienda, y arrastramos a la batalla a amplios sectores de profesionales e incluso a una parte del clero.

Fue esta movilización imparable lo que puso contra las cuerdas a la clase dominante, que vio con pánico esa determinación de acabar con la maquinaria criminal del franquismo extendiéndose entre millones. La conciencia de los trabajadores dio un salto: no solo ponía en cuestión el régimen de la dictadura, sino también el sistema económico y social capitalista que lo sustentaba.

Crímenes terribles que han quedado impunes

El primer Gobierno de la monarquía no solo demostró su afán por mantener intactas las instituciones de la dictadura, sino que desde el primer día intentó aplastar a sangre y fuego el levantamiento obrero y estudiantil que se desarrollaba por todo el país.

El hombre elegido por Juan Carlos I para presidirlo fue toda una declaración de intenciones: Carlos Arias Navarro, conocido como el *Carnicero de Málaga* por su labor represiva en esa ciudad durante la guerra civil y los primeros tiempos de la posguerra. Más de 4.300 asesinatos de malagueños y malagueñas, gente de izquierdas, sindicalistas o republicanos son el legado de su ferocidad e inhumanidad.

Como ministro de Gobernación (Interior) el designado fue un veterano falangista, Manuel Fraga Iribarne, devenido más tarde en fundador del Partido Popular y «demócrata de toda la vida». Al mando de las fuerzas policiales, Fraga Iribarne impartió órdenes de reprimir con la máxima dureza las protestas. La culminación de su frenesí represivo se vivió en la ciudad de Vitoria-Gasteiz el 3 de marzo de 1976, cuando la policía atacó una asamblea de 4.000 trabajadores reunida pacíficamente en la iglesia de San Francisco de Asís del barrio de Zaramaga, asesinó a balazos a cinco de ellos e hirió a más de ciento cincuenta.

Pero la acción represiva de policías y guardias civiles resultaba totalmente insuficiente para frenar la lucha. Por eso el Gobierno de Arias-Fraga recurrió a las bandas fascistas. Los sucesos de Montejurra, en mayo de 1976, en los que un grupo de pistoleros ultraderechistas españoles, argentinos e italianos asesinaron a dos militantes carlistas en la tradicional concentración anual de su partido, fueron el ensayo general de un tipo de terrorismo estatal y guerra sucia que alcanzaría su apogeo en los meses y años posteriores.

Bajo el siguiente Gobierno, el presidido por Adolfo Suárez a partir del 3 de julio de 1976, la violencia policial y fascista batió récords. Un periodo jalonado por muchos momentos críticos, como la Semana Negra de enero de 1977 en la que se produjeron los viles asesinatos de Arturo Ruiz, María Luz Nájera y los abogados de Atocha a manos de pistoleros fascistas ligados a la policía y la Guardia Civil.

Ese Ejecutivo contó con un nuevo ministro de Gobernación, el falangista Rodolfo Martín Villa, y bajo su mandato el terror y la represión adquirieron grandes cotas de sadismo. No debemos olvidar que este criminal, protegido por la Ley de Amnistía, consiguió rehuir la acción de la justicia argentina ante la que fue denunciado por las víctimas de la represión. Su protección ha sido una cuestión de Estado tanto para el PP como para el PSOE, y ha gozado del apoyo y la simpatía de todos los presidentes de Gobierno, incluido José Luis Rodríguez Zapatero.

Con el incondicional respaldo del aparato estatal y los sucesivos Gobiernos de Adolfo Suárez, las fuerzas de seguridad del Estado y las bandas fascistas asesinaron a más 300 personas, en su inmensa mayoría activistas jóvenes de la izquierda militante. Estas muertes han quedado impunes hasta el día de hoy porque los tribunales de esa «democracia», que el Gobierno de Pedro Sánchez tanto celebra, permitieron que no fueran juzgadas y, si lo hicieron, las condenas dictadas fueron ridículas y exculpatorias.

No es ningún secreto que el entramado jurídico en el que se apoyó esa Transición «ejemplar» se nutrió de jueces franquistas cómplices de todos los crímenes de la dictadura. Los nefastos magistrados del Tribunal de Orden Público (TOP) se reconvirtieron en jueces del Tribunal Supremo y de la Audiencia Nacional. Y para apuntalar la impunidad completa, la aprobación de la Ley de Amnistía de 1977 estableció una legislación de punto y final que impidió juzgar a los responsables de los crímenes de la dictadura, a los torturadores y a los empresarios que se lucraron del trabajo esclavo de los prisioneros republicanos.

Esa ley infame fue una clave de bóveda del régimen del 78, y gracias a ella se impidió reabrir numerosos casos de asesinados en la Transición, se archivaron denuncias y se bloquearon procesamientos. Una ley que contó con el apoyo entusiasta de la dirección del PCE y del PSOE en aras de una reconciliación nacional que otorgaba el perdón incondicional a los que masacraron e impusieron el terror a una población amordazada, mientras negaba la justicia, la verdad y la reparación a cientos de miles de sus víctimas. La brutalidad de la policía y de las bandas fascistas se ocultó bajo su manto protector hasta el día de hoy.

Por eso, con toda razón y porque nosotras y nosotros no olvidamos a nuestras compañeras y compañeros asesinados, calificamos a este periodo como «Transición Sangrienta».

La correlación de fuerzas era favorable

El relato mítico sobre la Transición no se limita a señalar su pretendido carácter pacífico, regido por un supuesto ánimo de todas las partes en conflicto de alcanzar la concordia y la paz. Desde las filas de aquellas fuerzas de la izquierda que jugaron un papel fundamental en los pactos de la Transición se difunde con insistencia la idea de su carácter inevitable porque «la correlación de fuerzas no nos era favorable».

No hace falta haber vivido aquellos años para constatar la falsedad de este argumento. Basta con leer la prensa de la época y evaluar los acontecimientos con objetividad y sin vendas en los ojos.

El primer intento de la monarquía de continuar la dictadura franquista tras la muerte del dictador fracasó estrepitosamente, arrollado por la fuerza creciente del movimiento obrero. En el horizonte empezaba a asomar una perspectiva abiertamente revolucionaria. Los acontecimientos de

Portugal, tras la Revolución de los Claveles en abril de 1974, alimentaban la dinámica. En la primavera y verano de 1975 —cuando decenas de miles de trabajadores portugueses ocuparon los bancos y las grandes y medianas empresas, imponiendo al Gobierno su inmediata nacionalización, y los campesinos sin tierra tomaron los latifundios y los convirtieron en explotaciones colectivas— la burguesía española descubrió un elocuente cuadro de lo que le podía aguardar si no se apresuraba a frustrar el imparable ascenso del movimiento obrero.

Ante la disyuntiva de arriesgarse a perderlo todo o ceder en lo accesorio, la clase dominante española, animada por el Departamento de Estado de los EEUU y el poder financiero internacional, forzó a la cúpula del régimen a buscar acuerdos con las principales fuerzas de la izquierda y encontrar una salida que desactivase una ola de protestas que, día a día, se convertía en un movimiento revolucionario.

Suárez fue el hombre elegido para llevar a cabo los movimientos estratégicos más significativos, y todo comenzó con una gran campaña de imagen, presentando a este veterano franquista como un político de voluntad modernizadora y talante dialogante.

El que sería jefe de la Unión de Centro Democrático (UCD) inició en 1976 un agitado calendario de conversaciones con las fuerzas de la oposición, especialmente con el PCE liderado por Santiago Carrillo, que jugaba el papel principal por su capacidad de movilización y raíces sociales, y también con un PSOE que, aunque minoritario en aquel momento, comenzaba a recibir la financiación generosa de la socialdemocracia alemana e internacional y el apoyo de Washington.

El resultado final de aquellas conversaciones entre el Gobierno de Suárez y la oposición fue que la clase dominante consiguió salvar lo fundamental del aparato del Estado franquista y de sus fuerzas de represión, y garantizar la continuidad del capitalismo español.

Los policías y guardia civiles que asesinaban a jóvenes y trabajadores en las calles, los que torturaban en cuartelillos y comisarías no solo disfrutaron de la impunidad garantizada por la Ley de Amnistía, sino que recibieron honores y ascensos de las nuevas autoridades «democráticas». Los jueces que desde los tribunales franquistas les daban cobertura, mientras enviaban a prisión a los militantes de la izquierda, continuaron tranquilamente sus carreras. Para guardar las apariencias, a alguna de las instituciones se les cambió el nombre para imprimirles un ligero barniz «democrático», como ocurrió con el infame TOP, que fue pomposamente rebautizado como Audiencia Nacional manteniendo en sus puestos a los jueces directamente implicados en la represión.

Estas son las raíces y los fundamentos del régimen del 78, nacido gracias a la capitulación de unos dirigentes de la izquierda que encabezaron los acontecimientos más significativos de estos años. Los líderes del PCE y del PSOE se convirtieron en los más activos defensores de los Pactos de la Moncloa, de la Ley de Amnistía, y de la campaña por el *Sí* a la Constitución, una carta magna que consagraba la institución monárquica, la inquebrantable unidad de la patria bajo la estricta vigilancia del ejército, y la impunidad a los criminales del franquismo.

Esto tuvo consecuencias letales para el Partido Comunista. En el caso del PSOE, Felipe González, aupado a la presidencia del Gobierno tras las históricas elecciones de octubre de 1982, traicionó sus promesas y dando la espalda a su base social se entregó en cuerpo y alma a defender el orden del capital: llevó a cabo una reconversión industrial que laminó decenas de miles de empleos, nos metió en la OTAN para apoyar intervenciones imperialistas y, cómo no, organizó un nuevo capítulo de terrorismo de Estado con los GAL.

La lucha sacrificada y ejemplar de decenas de miles de militantes clandestinos, las esperanzas en una profunda transformación social que habían florecido en las mentes y corazones de millones de personas se vieron frustradas.

Cuando se cumplen cincuenta años de la muerte del dictador y la reacción fascista y el belicismo más descarnado amenazan el futuro de la humanidad, conocer y divulgar lo qué ocurrió realmente en la Transición nos sirve para abordar los enormes desafíos que tenemos por delante.

Somos conscientes de que los esfuerzos de las familias por averiguar la verdad de lo sucedido, y por hallar un mínimo de justicia y reparación, se han estrellado con un muro institucional de silencio, erigido por quienes prefieren que la memoria de esos años siga cubierta por un manto de olvido y por la leyenda de una Transición «pacífica y modélica».

Por eso cobra tanta importancia que hoy, cuando los pilares del régimen del 78 están en cuestión y se convierten en un vehículo para propagar las políticas de la extrema derecha, reivindiquemos con fuerza y orgullo a las víctimas del posfranquismo. Su entusiasmo, su entrega a la causa de la clase obrera, su esperanza en un futuro libre y revolucionario serán siempre un ejemplo y una inspiración para quienes luchamos por acabar con la barbarie capitalista.

El COT, el Colectivo por los Olvidados de la Transición.
En su nombre está la palabra clave, *olvidados* por efecto de
la negación y la omisión. Al olvido hay que añadir el desprecio grosero, la mirada arrogante del poder.

El COT está formado por familiares y amigos de jóvenes asesinados durante la Transición por la policía, la Guardia Civil y los grupos de extrema derecha, estos últimos
auxiliados por los primeros. También lo constituyen personas que sienten como suya la angustia y el horror que se
desprenden de esos crímenes.

Queremos transmitir en voz alta el discurso de la verdad, que se hable de la Transición oculta y sangrienta. Exigimos que la justicia abandone la injusticia y certifique la
realidad de los hechos omitidos casi siempre, cuando no
cuestionados.

Reclamamos reconocimiento y reparación, no serán
suficientes los sesgados diplomas, los discursos huecos, el
abono del olvido.

¡Colabora con nosotros!

 **Síguenos en las redes sociales**

EL GARAJE
EDICIONES

GARAJE elgarajeediciones.com

El Garaje Ediciones Editorial casi nómada, editorial portátil… El Garaje Ediciones SL es sin duda una de las más pequeñas editoriales presentes en el mercado.

No obstante, y pese a que pueda resultar inverosímil, El Garaje vende libros. Y aun podríamos afirmar que vende bastante, que la relación entre dimensión de empresa y dimensión de ventas es asombrosamente favorable a la segunda (dimensión).

¿Por qué? Porque los libros de El Garaje son interesantes unos, muy entretenidos todos y no pocos sumamente polémicos. Desde el documento histórico, la memoria disidente o el libro-artefacto tocapelotas e irrespetuoso hasta la novela negra en la que, como en la vida misma, no hay policía bueno. Por todo eso y más, El Garaje, editorial portátil, casi nómada, vende. Vende y gusta.

Puedes comprar cualquier título de nuestro catálogo en la librería online

---

Nuestras colecciones

- Documentos/Sociedad
- Garaje Negro
- Narrativa
- Breves
- Poesía

- Especiales
- Ensayo
- Texto e imagen
- Fondo Ediciones VOSA